Д-р Джейрок Лий

БОГ ЛЕЧИТЕЛЯТ

URIM
BOOKS

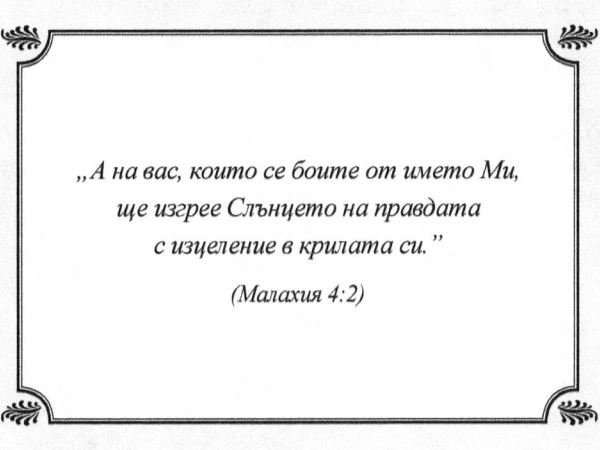

,,А на вас, които се боите от името Ми,
ще изгрее Слънцето на правдата
с изцеление в крилата си.''

(Малахия 4:2)

БОГ ЛЕЧИТЕЛЯТ от Д-р Джейрок Лий
Издадена от Юрим букс (Представител: Сионгкион Вин)
361-66, Шиндейбанг- донг, Донгджак- гу, Сеул, Корея
www.urimbooks.com

ISBN: 978-89-7557-686-7(03230)

Предишно издание на корейски език от Юрим букс, 1992 г.

Първо издание - Март 2013 г.

Редакция Д-р Джюмсан Вин
Дизайн – Издателска къща Юрим букс
Печатна фирма Yewon
За повече информация: urimbook@hotmail.com

Послание за публикуването

Тъй като материалната цивилизация и благополучие продължават да се развиват и да нарастват, хората в днешно време имат повече време и средства за изразходване. Освен това, за да постигнат по-здравословен и по-удобен начин на живот, хората инвестират време и средства и следят внимателно разнообразна и полезна информация.

Човешкият живот, остаряването, болестите и смъртта са под контрола на Бога и те не могат да бъдат направлявани чрез силата на парите или познанието. Неоспорим факт е, че независимо от високото равнище и напредъка на медицинската наука в резултат на човешките знания, натрупани през вековете, непрекъснато расте броят на пациентите, страдащи от нелечими болести със смъртен изход.

Историята на света е изпълнена с безчетен брой хора с различни вероизповедания и познания – включително Буда и Конфуций – но всички те са били безмълвни по този въпрос и никой от тях не е могъл да избегне остаряването, заболяванията или смъртта. Този въпрос е обвързан с проблемите за греха и спасението на човечеството, които не са разрешими от човека.

В днешно време разполагаме с много болници и аптеки, които са лесно достъпни и привидно готови да направят обществото здраво. Въпреки това, нашите тела и светът са изпълнени с разнообразни болести, вариращи от обикновен грип до заболявания с неизвестен произход, за които няма лечение. Хората бързат да обвинят климата и околната среда или лесно възприемат болестите като природен и физиологичен феномен като разчитат на лекарствата и медицината.

За да получим основно лечение и за да водим здравословен живот, всички ние трябва да разберем къде е причината за болестта и как можем да я излекуваме. За евангелието и истината винаги има две страни: за хората, които не ги приемат, са запазени проклятието и наказанието, а хората, които ги приемат, ги очаква живот и благословия. Божия воля е истината да бъде скрита от онези, които като

Фарисеите и учителите на закона, считат себе си за разумни и мъдри; Божия воля също е истината да бъде разкрита на онези, които са като децата, желаят я и откриват сърцата си (Лука 10:21).

Бог е обещал благословии за онези, които се подчиняват и спазват заповедите Му и е записал подробно проклятията и всички видове болести, наложени върху онези, които пренебрегват заповедите Му (Второзаконие 28:1-68).

Чрез напомняне на Божието слово на невярващите и на някои вярващи, които го пренебрагват, тази книга има за цел да ги върне в правия път, свободен от болести и злини.

Когато слушате, четете, разбирате и се храните с Божието слово със силата от Божието спасение и изцеление, нека всеки от вас бъде излекуван от болести и заболявания, големи и малки и нека винаги да бъдете здрави вие и вашето семейство, моля се в името на нашия Господ!

Джейрок Лий

Съдържание

Глава 1

Произходът на болестите
и светлината на лечението

Малахия 4:2

,,А на вас, които се боите от името Ми, ще изгрее Слънцето на правдата с изцеление в крилата си; и ще излезете и ще се разиграете като телета из обора.''

Основната причина за заболяванията

Хората искат да водят щастлив и здравословен живот на земята и консумират всякакви видове храни, които считат полезни за здравето, търсят тайни начини за изцерение. Независимо от напредъка на материалната цивилизация и медицината, истината е, че не можем да предотвратим страданията от нелечими и смъртоносни болести.

Не може ли човек да се освободи от страданията, причинени от болести по време на своя земен живот?

Повечето хора бързат да обвинят климата и околната среда или лесно приемат болестите като естествен или физиологичен феномен и разчитат на лекарствата и медицинските технологии. Всички можем да се излекуваме, когато установим причините за болестите и страданията.

Библията ни представя основните начини, чрез които човек може да се предпази от болестите или да се излекува:

> „Ако внимателно слушаш гласа на Господа, своя Бог, и вършиш онова, което Му е угодно, и слушаш заповедите Му, и пазиш всичките Му наредби, няма да те поразя с нито една от болестите, с които поразих египтяните; защото Аз съм Господ, Който те изцелявам." (Изход 15:26).

Това е истинското слово на Бога, който контролира

човешкия живот, смъртта, проклятията и благословиите, които получават хората.

Какво представлява болестта и защо човек се заразява с нея? Според медицината, понятието „болест" означава всички видове неспособност на различни части на човешкото тяло – необичайно или ненормално състояние – най-често причинявано и разпространявано чрез бактерия. С други думи, болестта е ненормално състояние на тялото, предизвикано от бактерия или отрова, водеща до заболяване.

В Изход 9:8-9 е представено описание на процеса на заразяване на хората с гнойни циреи по цялата Египетска земя:

> *„Тогава Господ каза на Моисей и Аарон: Напълнете шепите си с пепел от пещ и нека Моисей я пръсне към небето пред фараон; и пепелта ще стане прах по цялата Египетска земя и ще причини на хората и животните възпаление с гнойни циреи, по цялата Египетска земя."*

В Изход 11:4-7, можем да видим как Бог различава хората на Израел от хората на Египет. За израелтяните, които възхвалявали Бога, нямало да има бедствия, но за египтяните, които нито почитали Бога, нито живеели според волята Му, щяло да има смърт за първородните им.

Библията ни учи, че Бог управлява и болестите, че Той

предпазва онези, които Го почитат и че болестите ще проникнат в телата на хората, които съгрешават, защото Бог ще извърне лице от тях.

Защо има болести и страдания, причинени от тях? Означава ли това, че Бог Създателят е направил болестите по време на сътворението, за да може хората да се страхуват от тях? Бог Създателят е сътворил хората и контролира всичко във вселената с доброта, праведност и любов.

В Битие 1:26-28 пише следното:

„Бог каза: Да създадем човека по Нашия образ, по Наше подобие; и нека владее над морските риби, над небесните птици, над добитъка, над цялата земя и над всяко животно, което пълзи по земята. И Бог създаде човека по Своя образ; по Божия образ го създаде; мъж и жена ги създаде. И Бог ги благослови. И Бог им каза: Плодете се и се размножавайте, напълнете земята и я покорете, бъдете господари над морските риби, над въздушните птици и над всяко живо същество, което се движи по земята.“

След като създал най-добрите условия за живот на хората (Битие 1:3-25), Бог създал хората по Свой образ, благословил ги и им дал пълна свобода и власт.

С течение на времето, хората свободно се радвали

на дадените им от Бога благословии, тъй като спазвали Неговите заповеди, живеели в Райската градина, където нямало сълзи, скръб, страдания и болести. Когато Бог видял колко хубаво е всичко, което създал (Битие 1:31), Той заповядал:

„Господ Бог заповяда на човека: От всяко дърво в градината свободно да ядеш, но да не ядеш от дървото за познаване на доброто и злото, защото в деня, когато ядеш от него, непременно ще умреш." (Битие 2:16-17).

Когато лукавата змия видяла, че хората не спазвали Божията заповед, тя изкушила Ева, жената на първия мъж на земята. Когато Адам и Ева опитали от плодовете на дървото на познанието на доброто и злото и съгрешили (Битие 3:1-6), както Бог предупредил, смъртта покорила хората (Римляни 6:23).

След извършване на греха на неподчинението, след като хората били възнаградени за този грях със смърт, духът в човека – неговият властелин – също умрял и връзката между човека и Бога била прекъсната. Те били изгонени от Райската градина и заживяли в сълзи, мъка, страдания, болести и смърт. Всичко на земята било прокълнато, растяли само тръни и бодили и хората могли да се хранят само с пот на челото (Битие 3:16-24).

Ето защо, основната причина за болестите е първоначалният грях, извършен от неподчинението на Адам. Ако Адам беше послушал Бога, той нямаше да бъде изгонен от Райската градина, а щеше винаги да води здравословен живот. С други думи, заради един човек, всички хора станали грешници и заживяли в опасност и страдания от всякакви болести. Преди да разреши първо въпроса за греха, никой няма да бъде праведен в очите на Бога чрез дела, изисквани от закона (Римляни 3:20).

Слънцето на правдата с изцеление в крилата си

Малахия 4:2 ни казва:

> „А на вас, които се боите от името Ми, ще изгрее Слънцето на правдата с изцеление в крилата си; и ще излезете и ще се разиграете като телета из обора.“

„Слънцето на правдата“ тук означава Месията. Бог се смилил над човечеството, тръгнало по пътя на разрухата и страданията от болести и ни избавил от всички грехове като подготвил Исус Христос. Позволил да Го разпънат на кръста и да пролеят кръвта Му. Следователно всеки, който

е приел Исус Христос, получил е прошка за греховете си и
е постигнал спасение, може да бъде свободен от болести и
да води здравословен живот. Чрез проклятието над всички
неща, хората трябвало да живеят в опасност от болести
докато дишат, но чрез Божията милост и любов бил открит
пътят към свободата от болестите.

Когато децата на Бога устояват на греха като проливат
своята кръв (Евреи 12:4) и живеят според словото Му, Той
ще ги защити с очите Си, които са като ярък огън и ще ги
предпази с огнената стена на Святия дух, за да не може
никаква отрова от въздуха да проникне в дробовете им. Дори
и човек да се разболее, когато се покае и се върне в правия
път, Бог ще погаси болестта и ще излекува поразените части.
Това е лечението чрез „слънцето на правдата.“

Модерната медицина е развила ултравиолетовата
терапия, която днес е широко използвана за предотвратяване
и лечение на различни болести. Ултравиолетовите лъчи
са много ефективни за дезинфекция и предизвикват
химични промени в тялото. Тази терапия може да унищожи
около 99% от микробите в дебелото черво, дифтерита и
дезинтерията и е също така ефективна за туберколоза, рахит,
анемия, ревматизъм и кожни болести. Въпреки всичко, това
ефикасно и мощно лечение като терапията с ултравиолетови
лъчи, не може да бъде приложено за всички болести.

Само „слънцето на правдата с изцеление в крилата си“,
записано в Светото писание, е силната светлина, която

може да излекува всички болести. Светлината от слънцето на правдата може да бъде използвана за лечение на всички болести и приложена на всички хора. Начинът, по който Бог лекува е твърде прост, но това е най-изчерпателното и най-ефективно средство.

Малко след основаването на моята църква, един пациент на ръба на смъртта и страдащ от мъчителни болки от рак и парализа, беше доведен при мен на носилка. Той не можеше да говори, защото езикът му беше вкочанен и не можеше да се движи, защото тялото му беше парализирано. Докторите бяха загубили надежда и съпругата му, която вярваше в силата на Бога, подтикна мъжа си да Му даде всичко. Когато разбра, че единственият начин да запази живота си беше да не се отказва и да се моли на Бог, пациентът опита да се моли на носилката и съпругата му също се молеше с вяра и любов. Видях вярата им и също се молих за него. Скоро след това мъжът, който бе критикувал жена си за нейната вяра в Христос, започна да се разкайва от все сърце и Бог му изпрати светлината на лечението, изгори тялото му с огъня на Святия дух и го пречисти. Алилуя! След изгаряне на основната причина за болестта му, човекът скоро започна да върви и да тича и беше възстановен. Няма нужда да описвам как членовете на Манмин възхваляваха Бога и се радваха да изпитат това удивително дело на Божието изцерение.

За вас, които почитате името Ми

Нашият Бог е всемогъщият Бог, който е създал всичко на вселената със словото Си и сътворил човека от пръстта. Тъй като този Бог е наш Отец, дори и да се разболеем, когато изцяло се осланяме на Него с вярата си, Той ще види, ще признае вярата ни и ще ни излекува с желание. Няма нищо лошо да бъдете излекувани в болница, но Бог се радва на Своите деца, които вярват в Неговото всемогъщество, ревностно Му се молят, получават лечение и Го възхваляват.

В 4 Царе 20:1-11 е описана историята на Езекия, цар на Юда, който се разболял, когато Асирийският цар нападнал царството му. Езекия се помолил на Бога, три дни след това получил пълно изцеление и живял още петнадесет години.

Чрез пророк Исая, Бог казал на Езекия: *„Разпореди се за дома си, понеже ще умреш и няма да живееш."* (4 Царе 20:1; Исая 38:1). С други думи, Езекия получил смъртна присъда, казали му да се подготви да умре и да уреди своето царство и семейство. Въпреки това, Езекия се обърнал към стената и се помолил на Господ (4 Царе 20:2). Царят разбрал, че неговата болест била резултат от връзката му с Бога, оставил на страна всичко и започнал да се моли.

Когато Езекия се молил на Бога ревностно и през сълзи, Той отговорил и обещал на царя:

„Чух молитвата ти, видях сълзите ти и Аз ще те

изцеля; след три дни ще възлезеш в Господния дом.
Ще прибавя към живота ти петнадесет години;
ще избавя теб и този град от ръката на асирийския
цар; и ще защитя този град заради Себе Си и
заради слугата Ми Давид." (Исая 38:5-6).

Можем да предположим колко ревностно и страстно се
е молил Езекия, когато Бог му отговорил: *„ Чух молитвата*
ти, видях сълзите ти. "

Бог отговорил на молбата на Езекия, напълно го
излекувал и след три дни отишъл в Господния дом. Освен
това, Бог удължил живота на Езекия с петнадесет години
през което време пазил Ерусалем от нашествието на
асирийския цар.

Езекия знаел, че човешкият живот и смъртта се
управляват от Бога, затова молитвата за него била много
важна. Бог бил доволен от неговото смирено сърце и вяра,
обещал му изцеление и когато Езекия потърсил знамение
за изцерението си, Той върнал сянката десет стъпала назад,
по които била слязла върху слънчевия часовник на Ахаз
(4 Царе 20:11). Нашият Бог е Бог на изцелението и много
мъдър Бог, който дава на онези, които търсят.

В 2 Летописи 16:12-13 четем:

„А в тридесет и деветата година от царуването
си Аса се разболя от болест в краката; обаче

макар болестта му да ставаше много тежка, пак в болестта си той не потърси Господа, а лекарите. И Аса заспа с бащите си; той умря в четиридесет и първата година от царуването си."

Когато първоначално седнал на трона: *„Аса върши това, което беше право пред Господа, както баща му Давид."* (3 Царе 15:11). Отначало бил мъдър водач, но постепенно загубил вярата си в Бога, започнал повече да се осланя на хората и не бил в състояние да получи Божията помощ.

Когато Израелевият цар Ваас излязъл против Юдея, Аса се обърнал към сирийския цар Венадад, а не към Бога. Аса бил упрекнат за това от ясновидеца Ананий, но не се отказал от делата си, вкарал в затвора Ананий и притеснил народа си (2 Летописи 16:7-10).

Преди Аса да помоли за помощ сирийския цар, Бог се намесил и сирийската армия не успяла да завладее Юдея. Тъй като Аса се уповавал на сирийския цар, а не на Него, Юдейският цар вече не можел да получава помощта Му. Освен това, Той не бил доволен от Аса, който потърсил съвета на лекарите, вместо съвета на Бога. Ето защо Аса умрял само два месеца след заболяването на краката му. Макар и Аса да проповядвал вярата си в Бога, не я показал на дела и не Му се помолил, затова всемогъщият Господ не могъл да направи нищо за царя.

Светлината на лечението от нашия Бог може да излекува всякакви болести, парализираният може да се изправи и да проходи, слепият да прогледне, глухият да започне да чува и мъртвите да се съживят. Тъй като Бог Лечителят има безкрайна сила, тежестта на заболяването няма значение. Лечителят Бог не прави разлика между едно леко заболяване като настинка и едно тежко заболяване като рак. По-важното е с какво сърце заставаме пред Бога: със сърцето на Аса или с това на Езекия.

Приемете Исус Христос, получете отговор на въпроса за греха, бъдете праведни, угодете на Бога със смирено сърце и вяра, придружена от дела, подобни на делото на Езекия, получете лечение на всички заболявания и водете винаги здравословен живот, моля се в името на Исус Христос!

Глава 2

Искате ли да оздравеете?

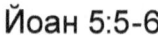

Йоан 5:5-6

„И там имаше един човек, болен от тридесет и осем години. Исус, като го видя да лежи и узна, че от дълго време вече боледувал, му каза: Искаш ли да оздравееш?"

Искате ли да оздравеете?

Има множество различни случаи на хора, които не са познавали Бога, но са Го търсили и са се Му се молили. Някои се обръщат към Него, ръководени от собствената си чиста съвест докато други се срещат с Него след своята евангелизация. Някои хора откриват Бога след като са изпитали разочарование от живота след неуспешен бизнес или семейни недоразумения. Други се обръщат към Него с последна надежда след страдание от силна физическа болка или страх от смъртта.

Така, както в къпалнята Витесда бил излекуван инвалидът, който страдал от болки в продължение на 38 години, за да ви излекува Бог, трябва да го желаете повече от всичко друго.

Близо до овчата порта в Йерусалим имало къпалня, наречена на еврейски Витесда. Тя имала пет преддверия, където лежали множество болни, слепи, куци и парализирани, които чакали да се раздвижи водата. Според легендата, един ангел слизал в къпалнята и размътвал водата. Вярвало се, че който пръв влизал в къпалнята след раздвижването на водата, чието име означавало „Домът на милосърдието", ще бъде излекуван от всякаква болест.

Когато видял един болен човек, който от тридесет и осем години чакал в къпалнята в страдания, Христос го попитал: *„Искаш ли да оздравееш?"* (Йоан 5:6). Човекът отговорил:

„Господине, нямам човек да ме спусне в къпалнята, когато се раздвижи водата, но докато дойда аз, друг слиза преди мен." (Йоан 5:7). По този начин болният признал, че дори и да желаел силно да бъде излекуван, не можел сам да слезе в къпалнята. Нашият Господ видял сърцето му и му казал: *„Стани, вдигни постелката си и ходи."* Човекът веднага оздравял, вдигнал постелката си и започнал да ходи (Йоан 5:8).

Трябва да приемете Исус Христос

Когато човекът, който бил инвалид срещнал Исус Христос, той веднага бил излекуван. Когато повярвал в Исус Христос, изворът на истинския живот, всичките му грехове били простени и той оздравял.

Страдате ли от някаква болест? Ако сте болни и искате да се доближите до Бога, за да ви излекува, трябва първо да приемете Исус Христос, да станете Божие дете и да получите прошка, за да премахнете всички бариери между вас и Бог. Трябва да вярвате, че Бог е всезнаещ и всемогъщ и може да извършва всякакви чудеса. Трябва също да вярвате, че ние сме изкупени от всички болести чрез мъчението на Христос и че ако търсите в името на Исус Христос, ще получите изцеление.

Когато се молим с такава вяра, Бог ще чуе нашата молитва

и ще ни излекува. Независимо от колко време и колко тежка е болестта ви, помолете се на Господ да ви освободи от проблемите и не забравяйте, че отново ще станете здрави, когато Божията сила ви излекува.

Когато парализираният човек, описан в Марко 2:3-12 чул за първи път, че Христос е дошъл в Капернаум, той искал да отиде при Него. Когато чули новините за изцелението на хората от различни болести, за прогонването на злите духове и за лечението на прокажените, парализираният човек помислил, че ако вярвал, той също можел да получи изцеление. Когато разбрал, че не бил в състояние да се доближи до Исус заради голямата тълпа, заедно със своите приятели, той разкрил покрива на къщата, където бил Христос, пробили го и пуснали постелката, на която лежал паралитикът.

Можете ли да си представите колко много той е искал да отиде при Исус, за да направи това? Как реагирал Исус, когато паралитикът, който не бил в състояние да ходи от едно място на друго и да си прокарва път сред тълпата, показал своята вяра и всеотдайност с помощта на приятелите си? Христос не порицал паралитика заради нахалното му поведение, а вместо това му казал: „Синко, прощават ти се греховете" и му позволил да се изправи и да ходи.

В Притчи 8:17 Бог ни казва: *„Аз обичам онези, които ме обичат и онези, които ме търсят ревностно, ще ме намерят."* Ако искате да се освободите от страданието на болестта, трябва първо истински да го пожелаете, да вярвате в Божията сила, която може да разреши проблема със заболяването и да приемете Исус Христос.

Трябва да разрушите стената на греха

Независимо колко вярвате, че може да бъдете излекувани чрез Божието могъщество, Той не може да работи във вас ако има стена от грях помежду ви с Бога. Ето защо в Исая 1:15-17, Бог ни казва:

> „И когато простирате ръцете си, ще крия очите Си от вас; даже когато принасяте много молитви, не искам да слушам; ръцете ви са пълни с кръв. Измийте се, очистете се, отстранете от очите Ми злото на делата си, престанете да вършите зло. Научете се да правите добро, настоявайте за правосъдие, поправяйте угнетителя, отсъждайте право на сирачето, застъпвайте се за вдовицата."

И в следващия стих 18 Той обещава:

> „Елате сега, за да разискваме, казва Господ; ако греховете ви са като мораво, ще станат бели като сняг; ако са румени като червено, ще станат като

бяла вълна.''

В Исая 59:1-3 можем да прочетем следното:

,,Греховното състояние на Израел Ето, ръката на Господа не се е скъсила, за да не може да спаси, нито ухото Му е затъпяло, за да не може да чува; но вашите беззакония са ви отлъчили от вашия Бог и вашите грехове са скрили лицето Му от вас, и Той не иска да чува. Защото ръцете ви са осквернени с кръв и пръстите ви – с беззаконие; устните ви говорят лъжи; езикът ви мърмори нечестие.''

Хората, които не познават Бог, не са приели Исус Христос и живеят според собствените си разбирания, не осъзнават, че са грешници. Когато хората приемат Исус Христос за свой Спасител и получат Святия дух като дар, Святият дух ще осъди виновния свят според грешността, праведността и справедливостта и те ще осъзнаят и ще признаят, че са грешници (Йоан 16:8-11).

Въпреки това, има случаи, когато хората не знаят добре какво е грях и не са в състояние да отхвърлят греха и лошото в себе си, за да получат отговор от Бога. Те първо трябва да знаят какво представлява грехът в Неговите очи, защото всички болести и заболявания произлизат от греха. Едва когато погледнете към себе си и разрушите стената от грях, едва тогава може да изпитате ефекта на лечението.

Нека разгледаме какво пише в Библията за греха и как можем да разрушим стената от грях.

1. Трябва да се разкаете за това, че не сте вярвали в Бога и не сте приели Исус Христос.

Библията ни казва, че неверието в Бога и неприемането на Исус Христос, представляват грях (Йоан 16:9). Много неверници казват, че водят добър живот, но тези хора не познават добре себе си, защото не знаят истинското слово – светлината на Бога – и не са в състояние да различат доброто от злото.

Дори и човек да е убеден, че е водил добър живот, когато животът му е отразен срещу истината, словото на всемогъщия Бог, който е създал всичко във вселената и контролира живота, смъртта, проклятието и благословията, ще бъдат намерени много неправедности и неистини. Ето защо, Библията ни казва, че: „*Защото нито едно създание няма да се оправдае пред Него чрез дела, изисквани от закона, понеже чрез закона става само познаването на греха.*" (Римляни 3:20).

Когато приемете Исус Христос и станете Божие дете след като се покаете за това, че не сте вярвали в Бога и не сте приели Исус Христос, всемогъщият Бог ще стане ваш отец и така ще получите отговори за всички ваши болести.

2. Трябва да се покаете за това, че не сте обичали братята си

Библията ни казва: *„Възлюбени, понеже Бог така ни е възлюбил, то и ние сме длъжни да се обичаме един друг."* (1 Йоаново 4:11). Казва ни също, че трябва да обичаме и враговете си (Матей 5:44). Ако мразим братята си, това е неподчинение на Божието слово и грях.

След като Христос показва Своята любов към човечеството, живеещо в грях и злина, чрез разпъването Му на кръста, за нас е редно да обичаме нашите родители, деца, братя и сестри. Не е правилно за Бога да мразим и да не можем да простим заради незначителни, макар и лоши чувства и недоразумения помежду ни.

В Матей 18:23-35, Христос ни разказва следната притча:

„Затова небесното царство прилича на един цар, който поиска да прегледа сметките на слугите си. И когато започна да ги преглежда, докараха при него един, който му дължеше десет хиляди таланта. И понеже нямаше с какво да заплати, господарят му заповяда да продадат него, жена му и децата му и всичко, което имаше, и дългът да бъде платен. Затова слугата падна, кланяше му се и каза: Господарю, имай търпение към мен и ще ти платя всичко. И господарят на този слуга, понеже

го съжали, пусна го и му опрости заема. Но този слуга, като излезе, намери един от съслужителите си, който му дължеше сто пеняза; хвана го и го душеше, и каза: Плати това, което ми дължиш. Затова служителят му падна, молеше му се и каза: Имай търпение към мен и ще ти платя. Но той не искаше, а отиде и го хвърли в тъмница – да лежи, докато изплати дълга. А съслужителите му, като видяха станалото, дълбоко се огорчиха; дойдоха и казаха на господаря си всичко, което беше станало. Тогава господарят му го повика и му каза: Лукав слуга! Аз ти опростих целия онзи дълг, понеже ми се примоли. Не трябваше ли и ти да се смилиш над съслужителя си, както и аз се смилих над теб? И господарят му се разгневи и го предаде на мъчителите да го изтезават, докато изплати целия дълг. Така и Моят небесен Отец ще постъпи с вас, ако не простите от сърце всеки на брат си."

Дори и да сме получили Божията милост и опрощение, ние сме неспособни или нямаме желание да приемем грешките и недостатъците на нашите братя. Вместо това им съперничим, правим ги врагове, отблъскваме ги и ги предизвикваме?

Бог ни казва, че: *"Всеки, който мрази брат си, е човекоубиец; и вие знаете, че у никой човекоубиец не пребъдва вечен живот.*" (1 Йоаново 3:15), „*Така и Моят небесен Отец ще постъпи с вас, ако не простите от сърце всеки на брат си.*" (Матей 18:35) и ни казва: „*Не роптайте един против друг, братя, за да не бъдете осъдени; ето, Съдията стои пред вратите.*" (Яков 5:9).

Трябва да осъзнаем, че ако не сме обичали, а сме мразили братята си, тогава и ние сме грешници и няма да бъдем изпълнени със Святия дух, а с опечаление. Ето защо, дори и нашите братя да ни мразят и да ни разочароват, ние не трябва да ги мразим и да ги разочароваме в замяна, а да пазим сърцата си с истина и разбиране и да им простим. Нашите сърца трябва да могат да предложат молитва за тези братя и сестри. Когато разбираме, прощаваме и се обичаме помежду си с помощта на Святия дух, Бог също ще ни покаже Своята милост и състрадание и ще ни изцери.

3. Трябва да се покаете ако сте се молили с алчност.

Когато Исус излекувал едно момче, обзето от дух, Неговите ученици Го попитали: „*Защо ние не можахме да го изгоним?*" (Марко 9:28). Христос отговорил: „*Този род с нищо не може да излезе освен с молитва и пост.*" (Марко 9:29).

За да получите изцеление в определена степен, трябва да предложите също молитва и умоление. Молбите от себичност няма да получат отговор, защото не са угодни на Бога. Бог ни е заповядал: *„И така, ядете ли, пиете ли, вършите ли нещо, всичко вършете за Божията слава."* (1 Коринтяни 10:31). Следователно, целта на нашите знания, постигането на слава или власт, трябва всички да бъдат за славата Божия. В Яков 4:2-3 пише:

> *„Пожелавате, но нямате; ревнувате и завиждате, но не можете да получите; карате се и се биете; но нямате, защото не просите. Просите и не получавате, защото зле просите, за да пилеете във вашите сладострастия."*

Да се молите за лечение, за да водите здравословен живот е за Божията слава; ще получите отговор, когато го потърсите. Ако не бъдете излекувани, дори и да сте го поискали, това е защото търсите нещо, което не е истински правилно, въпреки че Бог иска да ви даде много повече неща.

Каква молитва е угодна на Бога? Както Христос ни казва в Матей 6:33: *„Но първо търсете Неговото царство и Неговата правда; и всичко това ще ви се прибави."* Вместо да се притесняваме за храната и за дрехите, трябва първо да угодим на Бога чрез молитви за Неговото царство и праведност, за евангелизацията и осветяването. Само тогава Бог ще задоволи желанията на сърцето ви и ще ви излекува напълно.

4. Трябва да се покаете ако сте се молили с колебание.

Бог е доволен от молитвата, която показва вярата ни. За това пише в Евреи 11:6: „*А без вяра не е възможно да се угоди на Бога, защото който идва при Бога, трябва да вярва, че има Бог и че Той възнаграждава тези, които Го търсят.*" В същия дух, Яков 1:6-7 ни напомня:

> „*Но да проси с вяра, без да се съмнява ни най-малко; защото който се съмнява, прилича на морски вълни, които се тласкат и блъскат от ветровете. Такъв човек да не мисли, че ще получи нещо от Господа.*"

Молитвите, отправени в съмнение, показват неверието ни във всемогъщия Бог, опозоряване на силата Му и превръщането Му в некомпетентен Бог. Трябва веднага да се покаете, да последвате праотците на вярата и да се молите страстно и ревностно, за да притежавате вяра, с която да повярвате в сърцата си.

Много често в Библията можем да видим, че Христос е обичал онези хора, които са притежавали голяма вяра, избирал ги за Свои служители и провеждал Своето духовенство чрез тях и заедно с тях. Когато хората не били в състояние да покажат вярата си, Исус упреквал дори учениците Си за тяхната слаба вяра (Матей 8:23-27), но хвалел и обичал хората с голяма вяра, макар и да не били Израелтяни (Матей 8:10).

Как се молите и каква вяра имате?

Един стотник в Матей 8:5-13 отишъл при Исус и Го помолил да излекува един от слугите му, който лежал в дома си парализиран в ужасни страдания. Когато Исус казал на стотника: *„Ще дойда и ще го изцеля"* (стих 7), стотникът отговорил: *„Господи, не съм достоен да влезеш под покрива ми; но кажи само една дума и слугата ми ще оздравее"* (стих 8) и показал на Исус голямата си вяра. Когато чул отговора на стотника, Исус бил доволен и го похвалил: *„Истина ви казвам, дори в Израел не съм намерил толкова вяра."* (стих 10). Слугата на стотника веднага бил излекуван.

В Марко 5:21-43 е записан удивителен случай на изцеление. Когато Исус бил край езерото, един от началниците на синагогата на име Яир, отишъл при Него и паднал в краката Му. Яир се помолил на Исус: *„Малката ми дъщеря е на умиране; моля Ти се да дойдеш и да положиш ръце на нея, за да оздравее и да живее."* (стих 23).

Когато Исус тръгнал с Яир, една жена, която имала кръвотечение в продължение на дванадесет години, дошла при Него. Тя страдала много, макар че била под грижата на мнозина лекари и била похарчила целия си имот без да види някаква полза, а напротив, състоянието й се влошило.

Жената чула, че Христос бил наблизо, промъкнала се сред навалицата, която Го следвала, застанала зад Него и докоснала дрехата Му. Тя си казвала: *„Ако само се допра до дрехата Му, ще оздравея."* (стих 28). Когато жената докоснала дрехата Му, кръвотечението й веднага престанало и тя почувствала изцелението на тялото си от страданието. Исус, като усетил в Себе Си, че от Него излязла сила, се обърнал към множеството и попитал: *„Кой се допря до дрехите Ми?"* (стих 30) Когато жената си признала, Исус й казал: *„Дъще, твоята вяра те изцели; иди си с мир и бъди здрава от болестта си."* (стих 34). Той дал на жената спасение, както и благословия за здраве.

По това време, дошли хора от къщата на Яир и му казали: *„Дъщеря ти умря"* (стих 35). Исус успокоил Яир и му казал: *„Не бой се, само вярвай"* (стих 36) и продължил по пътя за дома на Яир. Там, Исус казал на хората: *„Детето не е умряло, а спи"* (стих 39), а на детето казал: *„Талита куми; което значи: Момиче, на тебе казвам, стани!"* (стих 41). Момичето мигновено се изправило и започнало да ходи.

Знайте, че когато се молите с вяра, дори и сериозните болести могат да се излекуват и мъртвите да се съживят. Ако досега сте се молили със съмнение, получете лечение и бъдете силни като се покаете за този грях.

5. Трябва да се покаете за това, че не сте спазили божиите заповеди.

В Йоан 14:21, Исус ни казва: „*Който има Моите заповеди и ги пази, той Ме обича; а който Ме обича, ще бъде възлюбен от Моя Отец и Аз ще го възлюбя, и ще му се явя лично.*" В 1 Йоаново 3:21-22 ни напомня: „*Възлюбени, ако нашето сърце не ни осъжда, имаме дръзновение спрямо Бога; и каквото и да поискаме, получаваме от Него, защото пазим заповедите Му и вършим това, което е угодно пред Него.*"

Грешникът не може да бъде спокоен пред Бога. Ако нашите сърца са почтени и безпогрешни според мярката на истинското слово, ние смело можем да молим Бога за всичко.

Следователно, като вярващи в Бога, трябва да научите и да разберете десетте заповеди, които служат като начало на шестдесетте и шест книги на Библията и разкриват до каква степен не сте ги спазвали в своя живот.

I. Имал ли съм някога в сърцето си други богове преди Бог?

II. Правил ли съм някога идоли от моите притежания, деца, здраве, бизнес и т.н. и дали съм се кланял пред тях?

III. Казвал ли съм някога името на Бога напразно?

IV. Спазвал ли съм винаги свещената събота?

V. Почитал ли съм винаги моите родители?

VI. Извършвал ли съм някога физически убийства или духовни убийства чрез омраза към братята и сестрите ми или вкарването им в грях?

VII. Прелюбодействал ли съм някога, макар и само в сърцето си?

VIII. Крал ли съм някога?

IX. Лъжесвидетелствал ли съм някога против съседите си?

X. Искал ли съм някога имотите на съседа си?

В допълнение, трябва също да се обърнете назад и да видите дали сте спазвали Божиите заповеди като сте обичали съседите си така, както обичате себе си. Когато спазвате Божиите заповеди и Го помолите, могъщият Бог ще ви излекува от всички болести.

6. Трябва да се покаете за това, че не сте посяли за Бога.

Тъй като Бог контролира всичко във вселената, Той е установил определени закони за духовното царство и като справедлив съдник, ръководи и управлява всички неща правилно.

В Даниил 6, цар Дарий попаднал в трудна ситуация, в която не бил в състояние да спаси любимия си княз Даниил от ямата с лъвовете, макар и да бил цар. Тъй като издал писмен указ, Дарий не можел да не спази закона, който сам бил постановил. Ако царят първи нарушавал нормите и пристъпвал закона, кой щял да го пази и да му служи? Ето защо, въпреки че любимият му княз трябвало да бъде хвърлен в рова с лъвовете като лош човек, Дарий нямало какво да направи.

По същия начин, така както Бог не нарушава нормите и спазва закона, който сам Той е постановил, всичко във вселената има строг ред под Неговото ръководство. Ето защо: *„Недейте се лъга; Бог не е за подиграване: понеже каквото посее човек, това и ще пожъне."* (Галатяни 6:7).

Според посятото в молитва, ще получите отговори и ще растете духовно, вашето вътрешно аз ще стане по-силно и духът ви ще бъде обновен. Ако сте били болни или недъгави, но сега посвещавате времето си за Вашия любим Бог като участвате редовно в богослужения, ще получите благословия за здраве и ще почувствате безпогрешно промени в тялото си. Ако посеете богатство в Бог, Той ще ви закриля и предпазва от изпитания и ще бъдете благословени за още повече средства.

Когато разберете колко важно е да посявате за Бога, когато се откажете от надеждите за този свят, който ще западне и ще изчезне и вместо това започнете да натрупвате небесни награди в добра вяра, всемогъщият Бог ще Ви води винаги към здравословен живот.

С Божието слово, ние разгледахме досега как е издигната стената между Бога и хората и защо живеем в страданията, причинени от болестите. Ако не вярвате в Бога и страдате от заболяване, приемете Исус за ваш Спасител и започнете живот в Христос. Не се страхувайте от онези, които могат да убият плътта. Вместо това, като се страхувате от Единствения, който може да осъди плътта и духа ви в ада, пазете вярата си в Бога на спасението от преследвания на вашите родители, близки и роднини. Когато Бог приеме вярата ви, Той ще работи и вие може да бъдете излекувани.

Ако вярвате, но страдате от заболяване, погледнете към себе си, за да видите дали има следи от зло като омраза, ревност, завист, неправедност, разврат, алчност, зловещ мотив, убийство, спор, слух, клевета, гордост и др. Чрез молитва към Бога и получаване на прошка с Неговата милост и състрадание, ще получите също и разрешение за вашето заболяване.

Много хора се опитват да сключат сделка с Бога. Те казват, че ако Бог излекува техните болести и заболявания, тогава ще повярват в Исус и ще Го следват. Бог познава дълбоко сърцето на всички хора и само след духовното им пречистване, той ще ги излекува от техните физически заболявания.

Когато разберете, че човешките мисли са различни от тези на Бога, подчинете се първо на Божията воля за благоденствието на духа ви като получите благословия за вашето оздравяване, моля се в името на нашия Господ!

Глава 3

Бог Лечителят

Изход 15:26

,,Ако внимателно слушаш гласа на Господа, своя Бог, и вършиш онова, което Му е угодно, и слушаш заповедите Му, и пазиш всичките Му наредби, няма да те поразя с нито една от болестите, с които поразих египтяните; защото Аз съм Господ, Който те изцелявам.''

Защо хората се разболяват?

Въпреки че Бог Лечителят иска всички Негови деца да водят здравословен живот, много от тях страдат от болести и не са в състояние да се излекуват. Така, както има причина за всичко, има причина и за болестта. Тъй като болестта може бързо да се излекува ако знаем какво я е предизвикало, всички хора, които искат да се излекуват, трябва първо да установят какво я е причинило. С Божието слово от Изход 15:26, ще се съсредоточим върху причината за болестта и начините, по които можем да бъдем излекувани и да водим здравословен живот.

„ГОСПОД" е дума, установена за Бога и тя означава „*Аз съм Онзи, Който съм*" (Изход 3:14). Името посочва също, че всички други същества са подчинени на властта на най-почитания Бог. От начина, по който Бог казва: „*Аз съм Господ, Който те изцелявам.*" (Изход 15:26), ние научаваме за любовта на Бога, който ни освобождава от агонията на болестта и за Неговата сила, която ни изцерява.

В Изход 15:26, Бог ни обещава: „*Ако внимателно слушаш гласа на Господа, своя Бог, и вършиш онова, което Му е угодно, и слушаш заповедите Му, и пазиш всичките Му наредби, няма да те поразя с нито една от болестите, с които поразих египтяните; защото Аз съм Господ, Който те изцелявам.*" Ето защо, ако се разболеете, това е доказателство, че не сте Го слушали внимателно, не сте направили коректното в Неговите очи и не сте спазили Неговите заповеди.

Тъй като децата на Бога са граждани на небето, те трябва да спазват небесния закон. Ако небесните жители не спазват тези закони, Бог не може да ги закриля, защото грехът е беззаконие (1 Йоаново 3:4). Тогава злото на болестта ще проникне и непокорните деца на Бога ще страдат.

Нека да разгледаме с подробности начините, по които можем да се разболеем, причината за болестта и как могъществото на Бог Лечителя може да ни излекува.

Един случай, при който човек се разболява в резултат на греха

Отново и отново в Библията, Бог ни казва, че причината за болестта е грехът. Йоан 5:14 казва: *„По-късно Исус го намери в храма и му каза: Ето, ти си здрав; не съгрешавай вече, за да не те сполети нещо по-лошо.”* Този стих ни напомня, че ако хората съгрешават, те могат да се разболеят още по-тежко от преди и също, че в резултат на греха, хората се разболяват.

Във Второзаконие 7:12-15 Бог обещава:

„И ако слушате тези закони и ги пазите и изпълнявате, Господ, твоят Бог, ще пази за тебе

завета и милостта, за която се е клел на бащите ти; и ще те възлюби, ще те благослови и ще те умножи; ще благослови децата ти и плода на земята ти, житото ти, виното ти и маслото ти, и роденото от говедата ти, и малките от овцете ти в земята, за която се е клел на бащите ти да я даде на тебе. Ще бъдеш благословен повече от всички племена; няма да има бездетен или бездетна между вас или безплодни между добитъка ви. Господ ще отстрани от тебе всяка болест и няма да докара върху тебе нито една от злите египетски болести, които познаваш, а ще ги наложи върху всички онези, които те мразят.”

Хората, които мразят, са изпълнени със зло и грях и ще ги сполетят болести.

Във Второзаконие 28, в така наречените „Благословения за послушание“ Бог ни казва какви видове благословии ще получим ако Му се подчиняваме и спазваме стриктно всичките Му наредби. Той ни казва също какви проклятия ще ни сполетят и ще ни обземат ако не спазваме всички Негови заповеди и закони.

Особено внимание е обърнато на видовете болести, на които ще бъдем изложени ако не слушаме Бог. Това са: чума, треска, възпаление, изтощение и огница, суша, изсушителен вятър и мана, египетски струпей, тумори, кръвотечения, краста и сърбеж, от които не можете да се излекувате, лудост, слепота и объркване в сърцето, от което никой не може да ви избави и лошо възпаление в коленете и в пищялите, така че няма да можете да се изцелите от стъпалата на краката до темето. (Второзаконие 28:21-35).

Когато правилно разберете, че причината за болестта е грехът, ако получите заболяване, първо трябва да се разкаете за това, че не сте живяли според Божието слово, за да получите опрощение. След като бъдете изцерени, защото живеете според Словото, никога не трябва да съгрешавате отново.

Един случай, когато човек се разболява дори и да не счита, че е съгрешил

Някои хора казват, че са се разболяли дори и да не са съгрешили. Божието слово казва, че ако правим това, което е правилно в очите на Бога, ако спазваме заповедите Му и Неговите закони, Бог няма да ни накаже с болести. Ако сме се разболяли, трябва да осъзнаем, че някога сме съгрешили в Неговите очи и не сме спазили наредбите Му.

Какъв е грехът, който предизвиква болести?

Ако един човек използва здравото тяло, дадено му от Бога без да се контролира или неморално, ако не спазва Неговите заповеди, ако извършва грешки или води неорганизиран живот, той рискува много да се разболее. Към тази категория болести спадат гастроентеричните раздразнения от преяждане или неправилен хранителен режим, болести на черния дроб от продължително пушене или пиене на алкохол и много други видове заболявания, причинени от злоупотреба с човешкото тяло.

Това може да не е било грях от човешка гледна точка, но това е грях в очите на Бога. Преяждането е грях, защото показва лакомията на човека и неговата неспособност да се контролира. Ако човек се е разболял от нередовно хранене, неговият грях е, че не е спазвал определен режим или часовете за хранене, а е злоупотребил с тялото си без да се контролира. Ако човек се е разболял след консумиране на храна, която не е била напълно сготвена, неговият грях е нетърпението – неспазването на истината.

Ако човек е използвал невнимателно нож и се е порязал и раната се е замърсила, това също е резултат от неговия грях. Ако истински е обичал Бога, Той щеше да го закриля по всяко време от инциденти. Дори и да е допуснал грешка, Бог щеше да намери разрешение, защото Той действа за доброто на хората, които Го обичат и по тялото няма да остане белег. Раните и нараняванията са били причинени от неговите прибързани движения, неизвършени правилно, което не е коректно в очите на Бога и представлява грях.

Същото правило се отнася за пушенето и пиенето. Ако

човек осъзнава, че пушенето замъглява ума му, нанася щети на дихателните му пътища и причинява рак, но не може да го откаже и ако човек осъзнава, че токсичността в алкохола вреди на вътрешните му органи, но не може да го остави, това е грях. Това показва неспособността на човека да се контролира и неговата ненаситност, липсата на любов към собственото му тяло и неспазването на Божията воля. Как може това да не е грях?

Дори и да не сме били убедени, че всички болести са предизвикани от греха, можем вече да бъдем сигурни за това, след като разгледахме различни случаи и ги преценихме според Божието слово. Трябва винаги да живеем според словото Му и да го спазваме, за да бъдем освободени от болести. С други думи, когато правим това, което е правилно в очите на Бога, когато спазваме наредбите Му и всички Негови заповеди, Той ще ни закриля и пази по всяко време от заболявания.

Болести, причинени от неврози и други нарушения на мозъка

Статистиките показват, че се покачва броят на хората, страдащи от неврози и други мозъчни заболявания. Ако хората са търпеливи, както гласи Божието слово, ако прощават, обичат се и се разбират според истината, те лесно могат да бъдат освободени от такива заболявания. Въпреки това, сърцата им все още са изпълнени със зло, което не им позволява да живеят според Словото. Умствените смущения увреждат други органи на тялото и имунната система, което довежда до заболяване. Когато спазваме Словото, нашите емоции няма да се променят, няма да се ядосваме и умът ни няма да се възбужда.

Някои хора около нас, които изглеждат добри, също страдат от такива болести. Те се сдържат да дадат израз на чувствата си и страдат от много по-тежки болести от онези, които показват своята ярост и разгневеност. Истинската доброта не е страданието от конфликта между противоречиви емоции; това е разбирането помежду ни с прошка и любов чрез самоконтрол и търпение.

В допълнение, когато хората съзнателно извършват грях, техният мозък се разболява от страданието и унищожението на ума. Тъй като не вършат добро, а потъват по-дълбоко в злото, тяхното умствено страдание води до заболяване. Трябва да знаем, че неврозите и други умствени нарушения са причинени от нас самите, предизвикани от нашето безразсъдно и лошо поведение. Дори и в тези случаи, Богът на любовта ще излекува всички онези, които Го търсят и искат да бъдат излекувани. Нещо повече, Той ще им даде също надежда за небето и ще им позволи да живеят в щастие и удобство.

Болестите, предизвикани от врага дявол, също се дължат на греха

Някои хора са обсебени от Сатаната и страдат от всички болести, които врагът дявол хвърля по тях. Това е защото те са пренебрегнали Божията воля и са се отдалечили от истината. Причината за големия брой на болните хора, на хората с физически недъзи и на хората, обсебени от демони в семейства, които се кланят на идоли е това, че Бог ненавижда идолопоклонничеството.

В Изход 20:5-6 намираме:

> *„Да не им се кланяш, нито да им служиш, защото Аз, Господ, твоят Бог, съм Бог ревнив, Който въздавам беззаконието на бащите върху децата до третото и четвъртото поколение на онези, които Ме мразят, а показвам милости към хиляда поколения на онези, които Ме обичат и пазят Моите заповеди.“*

Той е издал специална заповед, забранявайки ни идолопоклонничеството. От Десетте заповеди, които ни е дал, от първите две заповеди – *„Да нямаш други богове, освен Мене“* (стих 3) и *„Не си прави кумир и никакво изображение на онова, що е горе на небето, що е долу на земята, и що е във водата под земята“* (стих

4) – лесно можем да видим колко много Бог ненавижда идолопоклонничеството.

Ако родителите не спазват Божията воля и се кланят на идоли, децата естествено ще ги последват. Ако родителите не се подчиняват на Божието слово и вършат зло, децата им също ще ги последват и ще вършат зло. Когато грехът на неподчинението достигне третото и четвъртото поколение, отплатата за греха е страданието на потомците им от болести, предизвикани от врага дявол.

Дори и родителите да са се кланяли на идоли, но децата им от все сърце да са вярвали в Бога, Той ще покаже Своята любов и милост и ще ги благослови. Дори и хората в момента да страдат от болести, причинени от дявола, защото са пренебрегнали Божията воля и са се отклонили от истината, ако се покаят и се отвърнат от греха, Бог Лечителят ще ги пречисти. Някои от тях ще излекува веднага или малко по-късно; други ще излекува според степента на вярата им. Лечебният процес ще се проведе според Божията воля: ако хората имат постоянна вяра в Неговите очи, те ще бъдат излекувани веднага. Ако сърцата им лъжат, ще бъдат излекувани по-късно.

Ще бъдем свободни от болести, когато живеем във вяра

Тъй като Моисей бил най-кротък от всички хора на Земята (Числа 12:3) и верен в целия дом на Бога, той бил считан за предан служител на Бога (Числа 12:7). Библията казва също, че когато Моисей умрял на сто и двадесет годишна възраст, очите му не били отслабнали и силата му не била намаляла (Второзаконие 34:7). Тъй като Авраам бил праведен човек, който се подчинявал с вяра и почитал Бога, той живял до сто седемдесет и пет години (Битие 25:7). Даниил имал добро здраве, макар че ядял само зеленчуци (Даниил 1:12-16), докато Йоан Баптистът бил здрав, въпреки че се хранил само с акриди и див мед (Матей 3:4).

Някой може да се зачуди как хората са били здрави без да ядат месо. Когато Бог създал човека за първи път, Той му казал да се храни само с плодове. В Битие 2:16-17 Бог казва на Адам:

„От всяко дърво в градината свободно да ядеш,
но да не ядеш от дървото за познаване на доброто
и злото, защото в деня, когато ядеш от него,
непременно ще умреш."

След неподчинението на Адам, Бог му казал да се храни само с полска трева (Битие 3:18) и тъй като грехът продължавал да съществува на този свят, след Потопа Бог казал на Ной в Битие 9:3, *„Всичко живо, което се движи, ще ви бъде за храна; давам ви всичко, също както дадох зелената трева.“* Тъй като хората постепенно ставали лоши, Бог им позволил да ядат месо, но да не ядат нищо „нечисто“ (Левит 11; Второзаконие 14).

По времето на Новия завет, Бог ни казва в Деяния 15:29: *„Да се въздържате от ядене на идоложертвено, кръв и удушени животни, също и от блудство; от които ако се пазите, ще направите добре. Здравейте!“* Той ни позволил да ядем храна, полезна за здравето и ни посъветвал да се въздържаме от храна, която е вредна за нас. Полезно е за нас да не се храним и да не пием нищо от това, което Бог не харесва. Ако спазваме Божията воля и живеем праведно, телата ни ще станат по-силни, болестите ще ни напуснат и няма да се разболяваме.

Освен това, няма да се разболеем, когато живеем праведно с вяра, защото преди две хиляди години, Исус Христос дошъл на този свят и понесъл цялото ни бреме. Ако вярваме, че чрез проливане на кръвта Си, Исус е изкупил греховете ни и чрез разпъването Му на кръста, взел на Себе си нашите немощи и понесъл нашите болести (Матей 8:17), ще бъде сторено според вярата ни (Исая 53:5-6; 1 Петрово 2:24).

Преди да срещнем Бога, не сме имали вяра. Живяли сме, водени от желанията на нашата греховна природа и сме страдали от различни болести в резултат на нашия грях. Когато живеем с вяра и вършим всичко с праведност, ще бъдем благословени с физическо здраве.

Когато умът е здрав, тялото също е здраво. Когато живеем праведно и спазваме Божието слово, нашите тела ще бъдат изпълнени със Святия дух. Болестите ще ни напуснат и тъй като телата ни ще получат физическо здраве, няма да се разболеем от нищо. Тъй като телата ни ще бъдат спокойни, леки, радостни и здрави, няма да изпитваме нужди и ще бъдем благодарни на Бога за отдаденото ни здраве.

Действай праведно и с вяра, за да може духът ти да е добре и да бъдеш излекуван от всички твои болести и страдания и да получиш здраве! Нека получиш също изобилната любов на Бога като се подчиняваш и спазваш Словото Му – моля се за всичко това в името на нашия Господ!

Глава 4

Чрез Неговото мъчение
сме излекувани

Исая 53:4-5

„Той наистина понесе печалта ни и със скърбите ни се натовари; а ние Го счетохме за ударен, поразен от Бога и наскърбен. Но Той беше наранен поради нашите престъпления, беше бит поради нашите беззакония; върху Него дойде наказанието, донасящо нашия мир, и с Неговите рани ние се изцелихме.''

Христос като Божи син излекувал всички болести

Когато хората управляват курса на своя собствен живот, те срещат различни проблеми. Така, както морето невинаги е спокойно, в морето на живота има много проблеми в работата, в дома, болести и т.н. Не е пресилено да се каже, че сред тези беди в живота, най-значителни са болестите.

Независимо колко богатства и знания притежава един човек, ако той е покосен от тежка болест, всичко, за което се е трудил през своя живот, няма да бъде нищо друго освен сапунен мехур. От една страна, ние откриваме, че с напредъка на цивилизацията и с нарастване на благата, желанието на човека за здраве също нараства. От друга страна, независимо от развитието на науката и медицината, непрекъснато се разкриват нови и странни болести, за които няма лечение и броят на страдащите от тях расте прогресивно. Може би това е причината в днешно време толкова да се набляга на здравето.

Страданието, болестта и смъртта – всички те произлизащи от греха – символизират човешките ограничения. Така, както той е направил по времето на Стария завет, Бог Лечителят ни представя днес начина, по който хората, които вярват в Него, могат да бъдат излекувани от всички болести със своята вяра в Исус Христос. Нека да разгледаме Библията и да видим защо получаваме отговор на проблема с болестите и водим здравословен живот с вяра в Исус Христос.

Когато Исус попитал своите ученици: *„А вие какво казвате: Кой съм Аз?"*, Симон Петър отговорил: *„Ти си Христос, Син на живия Бог"* (Матей 16:15-16). Този отговор звучи твърде просто, но също така показва, че само Исус е Христос.

През Неговото време, Исус бил следван от огромна тълпа, защото Той мигновено изцелявал болните. В това число влизали обзетите от демони, епилептиците, паралитиците и други страдащи от различни болести. Когато прокажените, трескавите, сакатите, слепите и всички други били излекувани при допира на Исус, те Го следвали у Му служили. Колко ли прекрасна била тази гледка? След като ставали свидетели на тези чудеса и знамения, хората вярвали и приемали Исус, получавали отговори на своите проблеми в живота и болните бивали излекувани. Нещо повече, както Исус лекувал хората в Неговото време, всеки, който застане пред Исус, може да бъде изцелен и днес.

Един куц човек посети петъчната вечерна служба малко след откриването на църквата ми. Дълго време беше лежал в болница след преживяна автомобилна катастрофа. Въпреки това, сухожилията на коленете му бяха разтегнати и той не можеше да свива коляното си. Не можеше да движи прасците си, нито да ходи. Докато слушаше проповедите на Словото, той копнееше да приеме Исус Христос и да бъде излекуван. Помолих се страстно за него, той веднага се изправи и започна да върви и да тича. Така, както куцият при красивите врати на храма се изправил на крака и започнал да ходи по молба на Петър (Деяния 3:1-10), беше представена чудната сила на Бога.

Това служи като доказателство, че всеки, който вярва в Исус Христос и получава прошка от Негово име, може да се излекува напълно от всички свои болести – дори и да са нелечими за медицината – тъй като тялото му е обновено и възстановено. Бог, който е същият вчера, днес и до века (Евреи 13:8) работи в хората, които вярват в Словото Му и молят съобразно вярата си и лекува различни болести, отваря очите на слепите и кара куция да се изправи.

Всеки, който е приел Исус Христос, който е опростен за греховете си и е станал Божие дете, трябва сега да живее свободно.

Да разгледаме подробно защо всички ние можем да водим здравословен живот, когато вярваме в Исус Христос.

Исус бил измъчван и пролял кръвта Си

Преди разпъването Му на кръст, Исус бил измъчван от римските войници и пролял кръвта Си в двора на Пилат Понтийски. Римските войници от Неговото време били здрави, изключително силни и добре обучени. В крайна сметка, те били войници на империята, която по онова време владеела целия свят. Думите не са достатъчни, за да опишат страшните болки, които Исус понесъл, когато тези войници Го вързали и Го бичували. При всяко мъчение, камшикът се увивал около тялото на Исус, разкъсвал плътта Му и кръвта се леела от тялото Му.

Защо Исус, Божият Син, който бил безгрешен и безупречен, трябвало да бъде бичуван така жестоко и да пролива кръвта Си за нас грешниците? Това събитие е изпълнено с дълбок духовен смисъл и удивителното провидение на Бога.

1 Петрово 2:24 казва, че ние сме изцелени чрез раните на Исус. В Исая 53:5 четем, че Неговото наказание е довело до нашия мир. Преди около две хиляди години, Божият Син Исус бил наказан, за да ни изкупи от агонията на болестите и кръвта, която пролял, била за нашия грях, че не сме спазвали Божието Слово. Когато вярваме в Исус, който бил измъчван и пролял кръвта Си, ще бъдем освободени от нашите болести и излекувани. Това е знак за удивителната любов и мъдрост на Бога.

Следователно, ако страдате от някаква болест като дете на Бога, покайте се за вашите грехове и вярвайте, че вече сте излекувани. Тъй като *„вярата е даване на твърда увереност в онези неща, за които се надяваме, убеждения за неща, които не се виждат."* (Евреи 11:1), дори и да изпитвате болка в определени части на тялото си, с вярата, с която кажете: „Вече съм излекуван", скоро наистина ще се излекувате.

Когато завършвах училище, аз нараних едно от ребрата си и болката бе толкова непоносима, че едвам можех да дишам. Една или две години след като приех Исус Христос, изпитах силна болка, когато се опитах да вдигна един тежък предмет и не можех повече да вървя. Въпреки това, тъй като бях изпитал и вярвах в силата на всемогъщия Бог, аз се молих ревностно: „Когато направя движение след молитвата, вярвам, че болката ще е изчезнала и ще мога да ходя." Вярвах само в моя всемогъщ Бог и престанах да мисля за болката, можех да стана и да вървя сякаш болката беше само в моето въображение.

Както Исус ни е казал в Марко 11:24: *„Затова ви казвам: Всичко, каквото поискате в молитва, вярвайте, че сте го получили, и ще ви се сбъдне."* Ако вярваме, че вече сме излекувани, ние наистина ще получим изцерение според вярата ни. Въпреки това, ако считаме, че все още не сме излекувани от мъчителната болка, болестта няма да се изцери. С други думи, едва когато разчупим рамката на нашето мислене, всичко ще стане според вярата ни.

Ето защо Бог ни казва, че копнежът на плътта е враждебен на Бога (Римляни 8:7) и ни призовава да пленяваме всеки разум да се покорява на Христос (2 Коринтяни 10:5). По-нататък, в Матей 8:17 виждаме, че Исус взима на Себе Си нашите немощи и понася болестите ни. Ако мислите: „Аз съм слаб", ще останете слаб. Независимо колко труден и изтощителен е животът ви, ако устните ви изповядват: „Изпълнен съм със силата и милостта на Бог и Святият дух ме ръководи, затова не съм изморен," умората ви ще изчезне и ще станете силен човек.

Ако вярваме истински в Исус Христос, който поема нашите немощи и понася болестите ни, трябва да запомним, че за нас няма причина да страдаме от заболявания.

Когато Христос видял вярата им

Сега, когато сме излекувани от нашите болести чрез мъчението на Христос, ние се нуждаем от вяра, с която да го повярваме. В днешно време, много хора, които не са вярвали в Исус Христос, отиват пред Него със своите болести. Някои хора са излекувани кратко време след като приемат Исус Христос, докато други нямат никакво подобрение дори и след няколко месечни молитви. Последните трябва да се обърнат назад и да проверят вярата си.

С историята, показана в Марко 2:1-12, нека да разгледаме как парализираният мъж и четиримата му приятели показали вярата си, принудили лечебната ръка на Господ да го освободи от болестта му и възхвалявали Бога.

Когато Христос посетил Капернаум, новините за Неговото пристигане се разпространили бързо и се събрала голяма тълпа. Исус проповядвал на хората Божието слово – истината – и множеството слушало без да пропусне нито една дума. Точно тогава, четирима мъже довели със себе си един парализиран мъж на постелка, но поради голямата тълпа, те не били в състояние да го заведат по-близо до Исус.

Въпреки това не се отказали. Качили се на покрива на къщата, в която се намирал Христос, направили отвор над Него и смъкнали постелката с лежащия на нея паралитик. Когато Исус видял вярата им, Той казал на паралитика: *„Сине, твоите грехове са простени... стани, вземи постелката и си иди вкъщи"* и паралитикът получил така желаното изцеление. Когато взел постелката си и излязъл навън пред очите на всички, хората били удивени и възхвалявали Бога.

Паралитикът страдал от толкова тежка болест, че не можел сам да се движи. Когато чул новините за Христос, който отворил очите на слепия, изправил куците, излекувал прокажените, прогонил демоните и излекувал много други, страдащи от различни болести, той отчаяно искал да се срещне с Исус. Тъй като имал добро сърце, паралитикът чул благовестието и искал да се срещне с Исус, след като открил къде се намирал.

Един ден той чул, че Христос бил дошъл в Капернаум. Можете ли да си представите колко доволен е бил? Той трябвало да потърси приятели, които да му помогнат и неговите другари, които за щастие също вярвали, лесно

приели молбата му. Те също били чули благовестието и се
съгласили, когато приятелят им искрено ги помолил да го
заведат при Христос.

Ако бяха пренебрегнали молбата му с подигравка: *„Как
можеш да вярваш в такива неща, когато не си ги видял с
очите си?"*, те нямаше да положат усилия да му помогнат.
Те също имали вяра и могли да заведат приятеля си на
постелката, всеки от тях носил по един от четирите краища
и дори положили усилие да пробият отвор в покрива на
къщата.

Когато след дългия път видяли огромната тълпа и не
могли да си проправят път до Исус, колко ли отчаяни и
тъжни се чувствали? Сигурно са питали и са се молили за
някакъв път. Въпреки това, поради големия брой на хората,
които се насъбрали, те не могли да продължат и били
отчаяни. Накрая решили да се качат на покрива на къщата,
в която се намирал Христос, направили отвор и смъкнали
своя приятел с постелката пред Него. Паралитикът дошъл и
се доближил до Христос повече от всеки друг. Тази история
ни показва колко ревностно паралитикът и неговите
приятели са желаели да застанат пред Исус.

Трябва да обърнем внимание на факта, че паралитикът и
неговите приятели не само са се доближили до Исус. Фактът,
че те преодоляли толкова трудности, за да се срещнат с
Него малко след като чули новините показва, че са вярвали
в благовестието и в Неговите проповеди. Нещо повече,

чрез преодоляването на очевидни трудности, търпение и агресивно приближаване до Христос, паралитикът и неговите приятели показали своята скромност, когато дошли при Него.

Когато хората видяли паралитика и неговите приятели да се качват на покрива и да правят отвор в него, тълпата можела да ги упрекне или да се ядоса. Може би се случило събитие, което не можем да си представим. Въпреки това, за тези петима мъже, нищо и никой не можел да се изпречи на пътя им. Когато срещнели Исус, паралитикът щял да бъде излекуван и те лесно можели да поправят или да заплатят за щетите на покрива.

При все това, в днешно време сред много хора, страдащи от сериозни болести, не е лесно да се намери пациент, който вярва или чието семейство е вярващо. Вместо настойчиво да се доближат до Исус, те бързо се примиряват: „Аз съм тежко болен. Бих искал да ида, но не съм в състояние" или „Еди коя си в моето семейство е толкова слаба, че не можем да я преместим." Отчайващо е да видиш толкова апатични хора, които сякаш очакват ябълката да падне в устата им от ябълковото дърво. С други думи, тези хора не вярват.

Ако хората признават своята вяра в Бога, трябва да бъдат настойчиви, за да я покажат. Човек не може да изпита делата на Бога с вяра, която е получена и съхранявана само като познание. Вярата му ще стане жива само с дела, за да се изградят основите за получаване на отдадената от

Бога сила. Следователно, така, както паралитикът изпитал Божието дело на изцелението въз основа на своята вяра, ние също трябва да бъдем мъдри и да му покажем основите на нашата вяра. Така ще можем и ние да водим живот, в който получаваме отдадената от Бога духовна сила и изпитваме Неговите чудеса.

Твоите грехове са простени

Исус казал следното на паралитика, който отишъл при Него, подпомогнат от неговите приятели: *„Сине, твоите грехове са простени"* (Марко 2:5) и разрешил проблема с греха. Човек не може да получи отговори ако между него и Бога има стена от грях. Ето защо, Исус първо разрешил проблема с греха на паралитика, който отишъл при Него с вяра.

Ако признаваме истински нашата вяра в Бога, Библията казва как да отидем при Него и как да се държим. Като се подчинява на такива заповеди като: „Направи", „Не прави", „Пази", „Отхвърли" и т.н., грешникът ще се превърне в праведник и лъжецът ще се превърне в искрен и честен човек. Ако спазваме истинското Слово, ще бъдем пречистени от греховете чрез кръвта на Господ. Когато получим прошка, Божията закрила и отговори ще дойдат отгоре.

Всички болести произлизат от греха и едва след като разрешим проблема с греховете, ще се установи начинът за представяне на Божието дело. Така, както крушката свети и машината работи с електричество, когато Бог види вярата ни, ще бъдем опростени и ще получим вяра отгоре, тоест, ще стане чудо.

„Стани, вземи постелката и си иди вкъщи." (Марко 2:11). Колко топли думи са това? Когато видял вярата на паралитика и неговите четирима приятели, Исус разрешил проблема с греха и той започнал да ходи. Желанието му се сбъднало и оздравял. Ето защо, ако искаме да получим отговори не само за нашите болести, но за всички наши страдания, трябва първо да бъдем простени и да пречистим сърцата си.

Хората със слаба вяра първо търсят решение на своето заболяване в медицината и в лекарите, но, когато вярата им нарасне, обичат Бога и спазват словото Му, те не се разболяват. Дори и да се разболеят, ако погледнат към себе си, ако се разкаят от все сърце и отвърнат лице от греха, те веднага ще бъдат изцелени. Знам, че много от вас сте изпитали нещо подобно.

Преди известно време, един пастор от моята църква се разболя и не можеше да се движи. Той погледна назад в миналото и се покая с молитва. Бог прояви Своята лечебна сила и той оздравя.

Когато нейната дъщеря страдала от пирексия, майката

осъзнала, че причината за това се криела в лошия й характер. Покаяла се и детето й оздравяло.

За да спаси цялото човечество, което заради неподчинението на Адам, тръгнало по пътя на разрухата, Бог изпратил на този свят Исус Христос, позволил да бъде проклънат и разпънат на дървен кръст вместо нас. Библията казва: „*Без проливане на кръв няма прощение.*" (Евреи 9:22) и „*Проклет всеки, който виси на дърво*" (Галатяни 3:13).

Сега, когато знаем, че проблемът на греха произтича от греха, трябва да се покаем и да вярваме страстно в Исус Христос, който ни изкупил от всички болести и с тази вяра да водим здравословен живот. Много братя днес изпитват изцеление и свидетелстват за Божията сила. Това показва, че всеки, който приеме Исус Христос и помоли в Неговото име, ще получи отговор за всички болести. Независимо от тежестта на заболяването, когато вярва от сърце в Исус Христос, който бил измъчван и пролял кръвта Си, ще се представи удивителната лечебна сила на Бога.

Вяра, засилена с дела

Така, както паралитикът получил изцеление с помощта на своите четирима приятели след като показал на Исус вярата си, ако искаме желанията на сърцата ни да се сбъднат, ние също трябва да покажем на Бог вярата си, придружена с дела и да установим основата й. За да могат читателите по-добре да разберат какво е „вяра", ще представя кратко обяснение.

В човешкия живот в Христос, „вярата" може да бъде подразделена на две категории. „Физическата вяра" или „Вярата като познание" се отнася за тази вяра, в която човек може да вярва чрез физически доказателства и Думата съответства на неговите знания и мисли. „Духовната вяра" е онази вяра, с която човек може да вярва, макар и да не я вижда и Думата не съответства на неговите знания и мисли.

Чрез „физическата вяра" човек вярва, че е създадено нещо видимо единствено от друг видим обект. С „духовната вяра", която човек не може да има ако използва собствените си знания и мисли, човек вярва в създаването на нещо видимо от друг невидим обект. Последното изисква пренебрегването на собствените знания и мисли.

От момента на раждането, човек регистрира в мозъка си различни познания. Запомнят се неща, които той вижда и чува, които заучава вкъщи и в училище, които възприема от заобикалящата го среда и условия. Тъй като не всяко запазено знание е истина, ако някое от тях противоречи на Божието слово, човек трябва естествено да го отхвърли. Например, в училище човек научава, че всяко живо същество е произлязло от едновалентен елемент, развивайки се в многоклетъчен организъм, но в Библията той чете, че всички твари са били създадени като такива от Бога. Какво трябва да направи? Недостатъците на еволюционната теория бяха представени многократно дори от науката. Как е възможно, дори и с човешката обосновка, маймуната да еволюира в човешко същество и жабата в определен вид птица за стотици милиони години? Дори и логиката дава право на творението.

По същия начин, когато „физическата вяра" се трансформира в „духовна", съмненията ви ще изчезнат и ще стъпите на скалата от вяра. В допълнение, ако признавате вярата си в Бога, трябва на практика да приложите наученото от вас Слово. Ако признавате, че вярвате в Бога, трябва да бъдете като светлината като спазвате свещения Му ден, обичате съседа си и се подчинявате на истинското Слово.

Ако паралитикът в Марко 2 беше останал вкъщи, той нямаше да се излекува. Тъй като вярвал, че ще се излекува ако застане пред Исус и показал вярата си като изисквал и използвал всеки наличен метод, паралитикът получил изцеление. Дори един човек, който иска да построи къща да се помоли: „Господи, вярвам, че къщата ще бъде построена", неговите молитви няма да са достатъчни къщата да се построи сама. Той трябва да свърши своята част от работата като подготви основите, изкопае земята, постави колоните и т.н., с една дума, необходими са „дела".

Ако вие или ваш близък страдате от болест, вярвайте, че Бог ще прости и ще изцери, когато види семейството ви сдружено с любов, с единство, което Той счита за основа на вярата. Някои хора казват, че има време за всичко, както и за лечение. Все пак, запомнете, че „времето" е, когато хората установят основите на вярата си пред Бога.

Моля се в името на Господа да бъдете изцерени от всички болести, да получите отговор на молитвите си и да прославяте Бога!

Глава 5

Сила за лечение на малодушието

Матей 10:1

„И като повика дванадесетте Си ученици, даде им власт над нечистите духове – да ги изгонват и да изцеляват всякаква болест и всякаква немощ.”

Могъщество да се лекуват болести и немощи

Има различни начини да докажем на невярващите, че Бог съществува и изцерението на болестите е един от тях. Когато бъдат излекувани хората, страдащи от нелечими болести в крайна фаза, за които лекарствата не помагат, те не могат повече да отричат силата на създателя Бог, а стават вярващи и Го благославят.

Макар и да притежават богатство, власт, слава и знания, много хора в днешно време не са способни да се излекуват и страдат от своите болести. Голям брой заболявания нямат лечение въпреки напредъка на медицината, но ако хората повярват във всемогъщия Бог, когато разчитат и се осланят на Него да ги излекува, всички нелечими заболявания имат лек. Нашият Бог е всемогъщ, за Него всичко е възможно и Той може да създаде нещо от нищото, да покара и да произрасти пъпки (Числа 17:8) и да съживи мъртвите (Йоан 11:17-44).

Силата на нашия Бог наистина може да ни излекува от болести. В Матей 4:23 намираме: *„Исус ходеше по цяла Галилея и поучаваше в синагогите им, и проповядваше благовестието на царството, като изцеляваше всякаква болест и всякаква немощ сред народа."* В Матей 8:17 можем да прочетем: *„За да се сбъдне изреченото чрез пророк Исая, който казва: Той взе на Себе Си нашите немощи и болестите ни понесе."* В тези стихове четем за немощите и болестите.

Тук „немощите" не означават сравнително леки заболявания като настинка или умора. Това е необичайно състояние, при което функциите на човешкото тяло и неговите органи са парализирани или влошени в резултат на злополука или причинена беда. Например онези, които са неми, глухи, слепи, куци, страдащи от детски паралич (известен също като полио) и т.н. – болести, които не могат да бъдат излекувани с помощта на медицината – могат да бъдат обединени под наименованието „немощи". В допълнение към обстоятелствата, причинени от злополука или немарливост, какъвто е случаят с мъжа, роден сляп в Йоан 9:1-3, има хора, които страдат от немощи, за да бъде представена Божията сила. Тези заболявания са редки и в повечето случаи са причинени от невежество и неудачност.

Когато хората се покаят, приемат Исус Христос и вярват в Бога, Той ги възнаграждава със Святия дух. Освен Него те получават правото да станат Божи деца. Когато Святият дух е с тях, с изключение на тежките и сериозни случаи, повечето болести са излекувани. Фактът, че са получили Святия дух позволява огънят Му да проникне в тях и да изгори раните им. Освен това, дори и човек да е сериозно болен, когато страстно се моли с вяра, когато разруши стената от грях между него и Бог, когато отвърне глава от греха и се покае, той ще бъде изцелен според вярата си.

„Огънят на Святия дух" се отнася за баптизма с огън

след като човек получи Святия дух и в очите на Бога това е силата Му. Когато духовните очи на Йоан Баптист били отворени и прогледнал, той описал огъня на Святия дух като „баптизъм с огън". В Матей 3:11, Йоан Баптист казва: *„Аз ви кръщавам с вода за покаяние; а Онзи, Който идва след мен, е по-силен от мен и не съм достоен да се допра дори до сандалите Му. Той ще ви кръсти със Святия Дух и с огън."* Баптизмът с огън не идва винаги, а само тогава, когато човек е изпълнен със Святия дух. Тъй като огънят на Святия дух винаги пада върху този, който е изпълнен с Него, всички негови грехове и болести ще бъдат изгорени и той ще започне да води здравословен живот.

Когато баптизмът с огън изгори проклятието на болестта, повечето болести са излекувани, но немощите не могат да бъдат изгорени дори и с баптизма на огъня. Как могат да бъдат излекувани немощите?

Всички немощи могат да бъдат излекувани само с отдадената сила от Бог. Ето защо четем в Йоан 9:32-33:

„А откак свят светува, не се е чуло някой да е отворил очи на слепороден човек. Ако Този Човек не беше от Бога, не би могъл нищо да направи."

В Деяния 3:1-10 има сцена, в която Петър и Йоан получили Божията сила, помогнали на човек, куц по рождение, който се молил на вратата на „Красивия" храм. Когато Петър му казал в стих 6: „*Сребро и злато аз нямам; но каквото имам, това ти давам; в името на Исус Христос Назарянина, стани и ходи*" и подхванал куция човек с дясната си ръка, мигновено краката и глезените на човека станали силни и той започнал да възхвалява Бог. Когато хората го видяли да ходи и да прославя Бога, те се учудили и удивили.

Ако човек желае да бъде излекуван, трябва да притежава вярата, с която вярва в Исус Христос. Въпреки че куцият човек бил един просяк, той вярвал в Исус Христос и можел да бъде излекуван, когато хората, получили силата на Бога, се молили за него. Ето защо Библията ни казва: „*И на основание на вяра в името Му, Неговото име укрепи този, когото гледате и познавате. Да! Тази вяра, която е чрез Него, му даде пред всички вас това съвършено здраве.*" (Деяния 3:16).

В Матей 10:1 виждаме, че Исус дава на Своите ученици силата, за да изхвърли нечистите духове и да излекува всякакви болести. По времето на Стария завет, Бог отдал сила за лечението на немощи на Своите скъпи пророци, включително Моисей, Илия и Елисей. По времето на Новия завет, Божията сила била с такива апостоли като Петър и Павел и предани служители като Стефан и Филип.

Нищо не е невъзможно след като човек получи Божията сила, защото може да помогне на куция, да излекува болните от детски паралич и да ги накара да ходят, да накара слепия да прогледне, да отвори ушите на глухия и да освободи езиците на глухонемите.

Различни начини за лечение на немощите

1. Силата на Бога излекувала глухоням човек

В Марко 7:31-37 има сцена, в която Божията сила лекува глухоням човек. Когато хората довели мъжа при Христос и Го помолили да положи ръката Си върху него, Исус дръпнал настрани човека и бръкнал с пръсти в ушите му. След това плюл и докоснал езика му. Погледнал нагоре към небето и с дълбока въздишка му казал: „«Ефата» (което означавало «Бъди излекуван!»)." (стих 34). Човекът веднага отворил очите си, освободил езика си и проговорил гладко.

Не можел ли Бог, който чрез Словото Си създал всичко във вселената, да излекува човека само със Словото Си? Защо Исус бърка в неговите уши с пръсти? Тъй като глухият човек не може да чуе нищо и комуникира с езика на глухонемите, той не можел да притежава вярата, която имали другите, дори и Исус да говорил силно. Исус знаел, че човекът нямал достатъчна вяра и бръкнал с пръсти в ушите му, за да му даде вярата, с която да се излекува. Най-важният елемент е убеждението, с което човек вярва, че ще бъде излекуван. Исус можел да излекува човека със Словото Си, но той не можел да чува и по този начин Христос Го изпълнил с вяра.

Защо Христос плюл и докоснал езика му? Фактът, че Исус плюе показва, че глухотата му е причинена от злите духове. Как ще приемете някой да плюе в лицето ви без причина? Това е проява на оскверняване и неморално поведение, което показва неуважение. Като цяло плюенето демонстрира нечие пренебрежение и Исус също плюе, за да изгони злия дух.

В Битие намираме, че Бог проклина змията да се храни с пръст до края на живота си. С други думи, това се отнася за Божието проклятие на врага дявол и Сатаната, които подстрекали змията да направи жертва човека, създаден от пръст. Ето защо от времето на Адам, врагът дявол се мъчи да хване човека и търси всякаква възможност да го измъчва и да го погълне. Както мухите, комарите и ларвите обитават мръсни места, врагът дявол живее в хората, чиито сърца са изпълнени с грях, със зло и лош характер и обладават ума им. Трябва да знаем, че само онези, които живеят и действат според Божието слово, могат да бъдат излекувани от болестите.

2. Силата на Бог излекувала сляп човек

В Марко 8:22-25 намираме следното:

„Дойдоха във Витсаида. И доведоха при Него един слепец и Му се молеха да се докосне до него. А Той хвана слепеца за ръка, изведе го вън от селото и като плюна на очите му, положи на него ръце и го попита: Виждаш ли нещо? И той, като повдигна очи, каза: Виждам хората, защото виждам неща като дървета, които ходят. После пак положи ръце на очите му; и той втренчи очите си, оздравя и виждаше всичко ясно."

Когато Исус се молил за този слепец, Той плюл в очите Му. Защо слепецът не прогледнал първия път, когато Исус се молил за него, а трябвало да се моли втори път? Чрез Своята сила, Исус можел изцяло да го излекува, но вярата му била слаба и се помолил втори път като му помогнал да засили вярата си. По този начин Исус ни учи, че когато някои хора не са в състояние да получат изцеление от първата молитва, ние трябва да се молим за тях два, три и дори четири пъти, докато посадим семето вяра, необходимо за тяхното изцеление.

Исус, за когото нищо не било невъзможно, се молил отново и отново, когато разбрал, че слепецът не можел да се излекува. Какво трябва да направим? С упование и молитви трябва да настояваме, за да получим изцеление.

В Йоан 9:6-9 е описан човек, роден сляп, който получил изцеление след като Исус плюл на земята, разкалял я със слюнката си и сложил кал на очите му. Защо Исус го излекувал като плюл на земята, разкалял я и покрил с кал очите на слепеца? Слюнката тук не се отнася за нещо нечисто. Исус плюл на земята, за да направи кал и да я сложи на очите на слепеца. Исус направил кал със слюнката Си, защото водата била оскъдна. В случай на цирей, подуване или ухапване от насекомо на децата им, често пъти родителите наплюнчват мястото. Трябва да разберем любовта на нашия Господ, който използва различни начини, за да помогне на слабите да притежават вяра.

Когато Исус покрива с кал очите на слепеца, той добива вярата, с която да се излекува. След като Христос дава на слепия мъж вяра, по-силна от неговата, силата Му отваря очите.

Исус ни казва: *„Ако не видите знамения и чудеса, никак няма да повярвате."* (Йоан 4:48). В днешно време не е възможно да помогнем на хората да притежават вярата само чрез Библията без да бъдат свидетели на изцеления и чудеса. В епохата на изключителен напредък на науката и човешките знания е изключително трудно да имаме духовна вяра и да вярваме в невидимия Бог. Често чуваме „Вярвам на очите си". По подобен начин, тъй като вярата на хората ще расте и ще се случват все повече изцеления, когато видят реалните доказателства за съществуването на Бог, „чудесата и знаменията" са абсолютно необходими.

3. Силата на Бога излекувала един куц човек

Тъй като Исус проповядвал благовестието и излекувал хората, страдащи от различни немощи и болести, Неговите ученици също показали силата на Бога.

Когато Петър заповядал на един куц просяк: *„В името на Исус Христос Назарянина, стани и ходи"* и го хванал за дясната му ръка, краката и глезените на мъжа оздравяли веднага и той започнал да ходи (Деяния 3:6-10). Когато хората видяли чудесата и знаменията, представени от Петър след получаване на Божията сила, още повече от тях повярвали в Господ. Те изнесли болните на улиците и ги поставили на легла и постелки, за да може сянката на Петър да ги покрие, когато мине покрай тях. Около Ерусалем също се събрали тълпи, идващи от околните градове, които водили болни и обладани от демони и всички те били излекувани (Деяния 5:14-16).

В Деяния 8:5-8 намираме:

„Така Филип слезе в град Самария и им проповядваше Христос. И множествата единодушно внимаваха в това, което Филип им говореше, като слушаха всичко и виждаха знаменията, които вършеше. Защото нечистите духове, като викаха със силен глас, излизаха от мнозина, обладани от тях; и мнозина парализирани

*и куци бяха изцелени, така че настана голяма
радост в онзи град."*

В Деяния 14:8-12 четем за куц мъж, осакатен по
рождение. Той чул посланието на Павел и придобил вярата,
с която да получи спасение и когато Павел заповядал:
„Изправи се на крака!" (стих 10), човекът се изправил и
започнал да ходи. Хората, които били свидетели на този
инцидент, казали: *„Боговете слязоха при нас с човешки
вид!"* (стих 11).

В Деяния 19:11-12 четем:

*„При това Бог вършеше особени велики дела чрез
ръцете на Павел; дотолкова, че когато носеха на
болните кърпи или престилки от неговото тяло,
болестите изчезваха от тях и злите духове излизаха
от тях."*

Колко удивителна и чудна е Божията сила?

Чрез хората, чиито сърца са постигнали удовлетворение
и пълноценна любов като Петър, Павел и дяконите Филип
и Стефан, Божията сила е представена дори и днес. Когато
хората застанат пред Бога с желанието да излекува немощите
им, те могат да бъдат изцелени след получаване на молитва
от Божите служители, с които работи.

От създаването на Манмин, живият Бог ми позволи да

представя множество чудеса и знамения, посади вярата в сърцата на членовете и проведе значителни изцеления.

Имаше една жена, станала жертва на насилие от страна на съпруга си, алкохолик. Когато оптичните нерви били парализирани и лекарите загубили всяка надежда след сериозно физическо насилие, жената чула за Манмин и дойде да ни посети. Тя редовно присъства на боготворителни служби и страстно се молеше за изцеление, получи моята молитва и започна да вижда отново. Божията сила излекува напълно оптичните нерви, които изглеждаха напълно загубени.

В друг случай имаше един мъж, пострадал от сериозен инцидент, в който бе наранил гърба си на осем места. Беше парализиран от кръста надолу и имаше риск да ампутират краката му. След като прие Исус Христос, той можеше да избегне ампутацията, но все още трябваше да си помага с патерици. Тогава започна да посещава службите на Манмин и малко по-късно, по време на една Петъчна вечерна служба, той получи моята молитва, захвърли патериците и започна да ходи. От тогава стана проповедник на евангелието.

Божията сила изцяло може да изцели немощите, невъзможни за медицината. В Йоан 16:23, Исус ни обещава: *„И в онзи ден няма да Ме питате за нищо. Истина, истина ви казвам: Ако поискате нещо от Отца в Мое име, Той ще ви го даде."* Нека повярвате в чудната сила на Бога, да я търсите страстно, да получите отговор на всички проблеми от вашите болести и да станете носител на благовестието за живия и всемогъщ Бог, моля се в името на Господ!

Глава 6

Начини за изцеление на хората, обладани от демони

Марко 9:28-29

„И когато влезе в къщи, учениците Му Го попитаха насаме: Защо ние не можахме да го изгоним? Той им каза: Този род с нищо не може да излезе освен с молитва и пост."

В последните дни любовта ще охладнее

Прогресът на съвременната научна цивилизация и развитието на индустрията доведоха до материално благополучие и позволиха на хората да се стремят към повече комфорт и удобства. В същото време, тези два фактора доведоха до отчуждение, себелюбие, невярност и чувство за малоценност сред хората, тъй като любовта угасва, когато няма разбиране и прошка.

Както Матей 24:12 е предсказал: *„И понеже ще се умножи беззаконието, любовта на мнозинството ще охладнее"*, във времената, когато процъфтява порокът и любовта охладнява, един от най-сериозните проблеми на днешното общество е нарастващият брой на хората, страдащи от умствени заболявания, смущения на нервната система и шизофрения.

В болниците за психично-болни са изолирани много пациенти, които не са способни да водят нормален живот, но не могат да се излекуват. Ако нямат подобрение след няколкогодишно лечение, семействата им се изморяват и в много случаи ги пренебрегват и изоставят като сираци. Тези болни, живеещи отдалечни и без семействата си, не са в състояние да водят нормален живот. Макар и да се нуждаят от истинска любов от своите близки, малко хора показват любов към тях.

В Библията намираме редица примери, в които Исус

лекува хората, обсебени от демони. Защо са записани в Библията? Краят на епохата наближава, любовта охладнява и Сатаната измъчва хората, причинява им страдания от заболявания на мозъка и ги осиновява като деца на дявола. Сатаната тормози, разболява, обърква и замърсява с грях и злини ума на хората. Обществото е наситено с грях и зло, хората са завистливи, карат се, мразят се и се убиват взаимно. С наближаването на последните дни, Християните трябва да могат да различат истината от лъжата, да пазят вярата си и да водят здравословен живот духом и тялом.

Нека да разгледаме причината за подстрекателството и мъченията на Сатаната, както и за нарастващия брой на хората, обсебени от Сатаната и демоните и страдащите от умствени заболявания в нашето модерно общество с изключителен напредък на научната цивилизация.

Процесът на обсебване от Сатаната

Всеки човек има съвест и повечето хора живеят съвестно, но всеки човек е различен в своите разбирания за съзнателно поведение. Така е, защото отделният човек е роден и израснал в различна среда и условия, видял е, чул е и е научил различни неща от своите родители, от дома, от училище и е възприел различна информация.

От една страна, Божието слово, което е истината, ни

казва: „*Не се оставяй да те побеждава злото; а ти побеждавай злото чрез добро,*" (Римляни 12:21) и ни призовава: „*А пък Аз ви казвам: Не се противете на злия човек; но ако те удари някой по дясната буза, обърни му и другата.*" (Матей 5:39). Тъй като Словото проповядва любов и опрощение, хората, които вярват в репликата „Да загубиш означава да спечелиш", я възприемат като образец. От друга страна, ако човек знае, че трябва да отвърне на удара, той мисли, че отбраната е смела, а отбягването без отбрана е за страхливците. Три фактора – индивидуалната преценка дали сте живяли праведно или грешно и доколко сте се примирили със света – ще формират различно съзнанието на отделните хора.

Тъй като хората са живяли различно и имат различна съвест, Сатаната – Божият дявол, изкушава хората да живеят греховно, противно на праведността и доброто, като внушават греховни мисли и ги подтикват в грях.

Сърцата на хората са изпълнени с противоречие между желанието на Святия дух да живеят според закона на Бога и желанието на греховната природа, която подтиква хората да преследват нуждите на плътта. Ето защо Бог казва в Галатяни 5:16-17:

„*И така, казвам: Ходете по Духа и няма да угаждате на плътските страсти. Защото плътта желае силно противното на Духа, а Духът –*

противното на плътта; понеже те се противят
едно на друго, за да не можете да правите това,
което искате."

Ако живеем според желанията на Святия дух, ние ще наследим Божието царство. Ако спазваме желанията на греховната природа и не живеем според Божието слово, няма да наследим царството Му. Ето защо Бог ни предупреждава със следното в Галатяни 5:19-21:

„А делата на плътта са явни; те са: блудство,
нечистота, сладострастие, идолопоклонство,
магьосничество, вражди, разпри, ревнувания,
ярости, партизанства, раздори, разцепления,
зависти, пиянства, пирувания и други подобни; за
които ви предупреждавам, както ви и предупредих,
че които вършат такива неща, няма да наследят
Божието царство."

Как демоните обсебват хората?

Чрез мислите на човека, Сатаната поражда желания на греховната природа в хората, чиито сърца са изпълнени с нея. Ако човек не може да контролира разума си и действа греховно, заражда се чувството на вина и сърцето му става по-лошо. Когато такива греховни действия се повтарят, човекът на края не е способен да се контролира и прави това, което Сатаната му заповяда. За такива хора се казва, че са обсебени от Сатаната.

Например, нека приемем, че един мързелив човек не обича да работи, а предпочита да пие и да си губи времето. Сатаната ще подтикне такъв човек и ще контролира разума му, за да продължава да пие, да си губи времето и да счита работата за бреме. Сатаната ще го отдалечи от добротата, която е истината, ще го лиши от енергия, за да напредва в живота си и ще го превърне в некомпетентен и безполезен човек.

Когато живее и действа според замисъла на Сатаната, човекът не може да се скрие от него. Сърцето му става все по-лошо, отдава се на зли помисли вместо да контролира сърцето си и върши всичко, което иска. Ако иска да се ядоса, ще се ядосва, ако иска да спори или да се бие, ще се кара и ще се бие, ако иска да пие, няма да може да се въздържа. Постепенно, той не може да контролира мислите и сърцето си и не вижда, че всичко е против волята му. От този момент, човек е обсебен от демони.

Причината за обсебването от демони

Има две основни причини човек да бъде подведен от

Сатаната и след това обсебен от демони.

1. Родители

Ако родителите са изоставили Бога, изпаднали са в идолопоклонничество, което Бог мрази и намира за отвратително или са извършили нещо изключително лошо, тогава силите на злите духове ще обземат децата им и ако не ги надзирават, ще бъдат под властта на демоните. В този случай, родителите трябва да застанат пред Бога, да се покаят напълно за греховете си, да се отвърнат от лошия път и да се молят на Господ от името на децата си. Бог тогава ще види душите им и ще извърши делата на изцелението като отхлаби веригите на несправедливостта.

2. Ние самите

Независимо от греха на родителите, човек може да бъде обсебен от демони заради собствената лъжа, своята злина, гордост и т.н. Тъй като един човек не може сам да се моли и да се разкае, когато получи молитва от Божи служител, който представлява силата Му, могат да бъдат отслабени веригите на несправедливостта. Когато демоните са изгонени и човек отново идва в съзнание, той трябва да бъде учен на Божието слово, за да може сърцето му, някога наситено със злина и грях, да бъде изчистено и да се изпълни с истина.

Следователно, ако някой член на семейството или близък роднина е обсебен от демони, семейството трябва да избере някого, за да се моли от негово име. Това е защото сърцето и умът на човека, обзет от демони, са контролирани от тях и той не може да върши нищо по собствена воля. Не може нито да се моли, нито да слуша Божието слово, следователно, не може да живее с истината. Ето защо, цялото семейство или един човек от семейството трябва да се моли за него с любов и състрадание, за да може обзетият от демони член на семейството да живее с вяра. Когато Бог види всеотдайността и любовта на това семейство, Той ще разкрие делата на изцелението. Исус е казал да обичаме съседа си, както обичаме себе си (Лука 10:27). Ако ние не сме в състояние да се молим и да се посветим на един член от семейството ни, обзет от демони, как можем да обичаме съседите си?

Когато близките и приятелите на човека, обсебен от демони, установят причината, покаят се, молят се с вярата в Божията сила, посветят се с любов и посадят семето на вярата, тогава демоните ще бъдат изгонени и техният любимец ще се превърне в човек на истината, когото Бог ще закриля и защитава от демоните.

Начини за изцеление на хората, обсебени от демони

На много места в Библията има примери за изцелението на хора, обсебени от демоните. Нека видим как са получили изцеление.

1. Трябва да отблъснете силите на демоните.

В Марко 5:1-20 четем за човек, обсебен от нечист дух. Стих 3-4 дава следното описание: „*Той живееше в гробищата и никой вече не можеше да го върже дори с верига; защото много пъти го бяха вързвали в окови и с вериги, но той беше разкъсвал веригите и счупвал оковите; и никой нямаше сила да го укроти.*"

В Марко 5:5-7 научаваме: „*И всякога, нощем и денем, в гробищата и по хълмовете той викаше и се изпонарязваше с камъни. А като видя Исус отдалеч, завтече се и Му се поклони; и изкрещя със силен глас: Какво общо имаш Ти с мен, Исусе, Сине на Всевишния Бог? Заклевам Те в Бога, недей ме мъчи.*"

Това е в отговор на заповедта на Исус: „Излез от човека, душе нечисти!" Тази сцена показва, че дори и хората да не са знаели, че Исус е Божи Син, нечистият дух е знаел много добре кой е Той и каква сила е притежавал.

Исус пита: „Как ти е името?" и мъжът, обсебен от демони,

отговорил: „Легион ми е името, защото сме мнозина." Той отново и отново умолявал Исус да не го изпраща вън от страната и след това Го помолил да го изпрати в свинете. Христос не го питал за името от незнание. Той го питал за името му като съдия, който разпитва нечист дух. Освен това, „Легион" означава, че човекът е бил обсебен от множество демони.

Христос позволил на „Легион" да влезе в стадото свине, което се спуснало по стръмнината в езерото и се издавило. Когато прогонваме демони, трябва да правим това със Словото на истината, символизирано чрез водата. Когато хората видяли напълно излекуван човека, когото не можели да удържат с човешка сила, да седи там облечен и в пълно съзнание, те се уплашили.

Как трябва в днешно време да прогонваме демоните? Те трябва да бъдат прогонвани в името на Исус Христос във водата, която символизира Словото или в огъня, който символизира Святия дух, за да загубят силата си. Демоните са духовни същества и те ще бъдат изгонени, когато се моли човек, надарен със силата да прогонва демони. Когато човек без вяра се опитва да ги прогони, демоните в отговор ще се присмиват и подиграват. За да излекуваме някой, обсебен от демони, за него трябва да се моли човек на Бога със съответната сила да го направи.

Понякога демоните не могат да бъдат изгонени дори и

човек на Бога да се моли за това в името на Исус Христос. Това е, защото човекът, обсебен от демони, е богохулствал или говорил против Святия дух (Матей 12:31; Лука 12:10). Изцелението не може да бъде извършено за някои хора, обладани от демони, когато съзнателно продължават да съгрешават след като са получили знанието за истината (Евреи 10:26).

В Евреи 6:4-6 четем: *„Защото за тези, които веднъж са били просветени и са вкусили от небесния дар, и са станали причастни на Святия Дух, и са вкусили колко е добро Божието слово, още са вкусили и от великите дела, които въвеждат бъдещия век, а са отпаднали, невъзможно е да се обновят пак и да се доведат до покаяние, докато разпъват втори път в себе си Божия Син и Го опозоряват."*

Сега, когато сме научили това, трябва да внимаваме да не вършим грехове, за които няма опрощение. Трябва също да различим в истината дали някой, обсебен от демони, може да бъде изцелен с молитва.

2. Въоръжете се с истината.

След като са освободени от демоните, хората трябва да изпълнят сърцата си с живот и истина, да четат Божието слово, да благодарят и да се молят. Дори и демоните да са изгонени, ако хората продължават да съгрешават и не се въоръжат с истината, прогонените духове се завръщат и този път са съпроводени от още по-зла компания. Състоянието на човека тогава е много по-лошо от първия път на обсебването.

Исус ни казва следното в Матей 12:43-45 :

> *„Когато нечистият дух излезе от човека, той минава през безводни места, за да търси покой, и не намира. Тогава казва: Ще се върна в къщата си, откъдето съм излязъл. И като дойде, намира я празна, пометена и подредена. Тогава отива и взема със себе си седем други духа, по-зли от него, и като влязат, живеят там; и последното състояние на онзи човек става по-лошо от първото. Също така ще бъде и с това нечестиво поколение. "*

Демоните трябва да се прогонват внимателно. Освен това, след тяхното прогонване, повече от всякога обсебеният от тях човек се нуждае от любов. Всеотдайно и с пожертвование, близките и приятелите му трябва да се грижат за него и да го закрилят с истината до пълното му възстановяване.

Всичко е възможно за този, който вярва

В Марко 9:17-27 е описано как Исус изцерява дете, което имало ням дух и страдало от епилепсия, след като видял вярата на бащата. Нека накратко разгледаме как детето получило изцеление.

1. Семейството трябва да покаже вярата си.

Синът в Марко 9 бил ням и глух от детинство, обсебен от духове. Той не можел да разбере нито една дума и комуникацията с него била невъзможна. Трудно било да се определи кога и къде ще се проявят симптомите на епилепсия. Баща му винаги живеел в страх и агония, без надежди за бъдещето.

Бащата чул за един мъж от Галилей, който можел да съживи мъртвите и лекувал различни болести. Лъч надежда пронизал душата на отчаяния човек. Ако слуховете били верни, мислил бащата, този човек от Галилей можел да изцели и сина му. Той опитал късмета си и завел сина си пред Исус с думите: *„Но ако можеш, направи нещо, смили се над нас и ни помогни!"* (Марко 9:22)

Когато чул страстната молба на бащата, Исус отговорил: *„Ако можеш да повярваш! Всичко е възможно за този, който вярва"* (стих 23) и упрекнал бащата за слабата вяра. Бащата чул слуховете, но не им вярвал от все сърце. Ако той можел да знае, че Исус като Божи Син бил всемогъщ и самата истина, нямало да каже „ако". За да ни покаже, че е невъзможно да задоволим Бог без вяра и молбите ни няма да се изпълнят ако не вярваме, Исус казва: „Ако можеш да повярваш" и упреква бащата за слабата му вяра.

Вярата може да се класифицира в два вида. Чрез „Физическата вяра" или „вярата като знание", човек вярва на очите си. Вярата, с която човек вярва без да има нужда да види, се нарича „духовна", „истинска вяра", „жива вяра" или „вяра, придружена с дела". Този вид вяра може да създаде нещо от нищото. Дефиницията за „вяра" според Библията е: *„Даване на твърда увереност в онези неща, за които се надяваме, убеждения за неща, които не се виждат."* (Евреи 11:1).

Когато хората страдат от лечими болести, те могат да бъдат изцелени чрез огъня на Святия дух, когато покажат вярата си и са изпълнени със Святия дух. Ако един начинаещ по пътя на вярата се разболее, той може да бъде излекуван, когато отвори сърцето си, слуша Словото и покаже вярата си. Ако един зрял християнин с вяра се разболее, той може да бъде излекуван, като се върне в пътя чрез разкаянието.

Когато хората страдат от болести, нелечими от медицината, трябва да покажат по голяма вяра. Ако един вярващ християнин се разболее, той може да се излекува като разкрие сърцето си в разкаяние и се моли. Ако се разболее човек с малка или никаква вяра, няма да се излекува докато не започне да вярва и ще получи изцеление според размера на вярата си.

Хората с физически недъзи, с деформирани тела и наследствени болести могат да бъдат излекувани само чрез чудесата на Бога. Ето защо, трябва да покажат на Бог всеотдайност и вяра, с която да Го обичат и да Го задоволят. Само тогава Бог ще признае вярата им и ще ги излекува. Когато хората покажат страстната си вяра в Бога – както Вартимей се е молил на Исус (Марко 10:46-52), както стотникът показва вярата си в Христос (Матей 8:5-13) и както паралитикът и неговите четирима приятели показват своята вяра и всеотдайност (Марко 2:3-12) – Бог ще ги излекува.

По същия начин, тъй като обсебените от демони хора не могат да бъдат изцелени без Божието участие и не са в състояние да покажат вярата си, за да могат да получат изцеление от небето, други членове на семействата им трябва да вярват във всемогъщия Бог и да застанат пред Него.

2. Хората трябва да се уповават достатъчно, за да вярват.

Бащата на детето, което от дълго време било обсебено от демони, отначало бил упрекнат от Христос за слабата вяра. Когато Христос му отговорил категорично: *„Всичко е възможно за този, който вярва"* (Марко 9:23), устните на бащата промълвили: „Аз вярвам." Въпреки това, вярата му се ограничавала до знанието. Затова бащата се молил на Христос: *„Помогни на моето неверие!"* (Марко 9:24) Когато чул молбата му от все сърце, искрената молитва и упование, Исус му дал убеждението, с което да повярва.

По същия начин, когато се молим на Бог, можем да получим убеждението, с което да повярваме и с тази вяра да станем годни, за да получим отговор на проблемите си и „невъзможното" да стане „възможно".

Когато бащата добил убеждението, с което можел да вярва, Христос заповядал: *„Излез от него и да не влезеш повече в него."* Злият дух напуснал детето с писък (Марко 9:25-27). Когато устните на бащата се молили за упование, за да вярват в Божията намеса – дори и след упрека на Исус – Христос представил удивителното дело на изцелението.

Исус отговорил и излекувал напълно обсебения от демони ням син. Детето страдало от епилепсия и често падало на земята, от устата му излизала пяна, зъбите му тракали и се вкочанявало. За онези, които вярват в Божията сила, с която всичко е възможно и живеят според Словото Му, няма ли Той да позволи всичко да бъде добре и да Ги поведе към здравословен живот?

Скоро след основаването на Манмин, един младеж от провинция Ганг-уон чул слуховете за църквата и дойде да я посети. Според него, той служеше вярно на Господ като учител в неделното училище и член на хора. Въпреки това, той бе изключително горд, не беше отхвърлил злото от сърцето си, а трупаше грехове. Демонът беше проникнал в нечистото му сърце и живееше в него. Изцелението се проведе чрез страстни молитви и всеотдайността на баща му. След идентифициране на демона и изгонването му чрез молитва, от устата на младежа излезе пяна, гърбът му се изви и замириса ужасно. Животът му след това се обнови, защото се бе въоръжил с истината в Манмин. В днешно време, той служи вярно на църквата в Ганг-уон и възхвалява Бога като споделя своето изцеление с безброй хора.

Нека успеете да разберете, че силата на Бога няма ограничения и може всичко. По този начин, когато се молите, вие не само ще станете благословени деца на Бога, но и любими светци, на когото всичко върви добре по всяко време, моля се в името на нашия Господ!

Глава 7

Вярата и подчинението
на прокажения Нееман

4 Царе 5:9-10, 14

„И Нееман дойде с конете и колесниците си и застана пред вратата на Елисеевата къща. Елисей прати до него човек да каже: Иди, окъпи се седем пъти в Йордан; и ще се обнови плътта ти и ще се очистиш.”

Прокаженият главнокомандващ Нееман

През целия ни живот, ние се сблъскваме с малки и големи проблеми. По всяко време се срещаме с трудности, които надминават възможностите ни.

В една страна, наречена Арам, на север от Израел, имало главнокомандващ на армията, наречен Нееман. Той водил армията на Арам към победа в най-критичните моменти. Нееман обичал страната си и служил вярно на краля. Въпреки че кралят го надарил щедро, генералът страдал от нещо, за което никой не знаел.

Каква била причината за неговото страдание? Нееман не страдал от липсата на богатство и слава. Нееман бил нещастен и не намирал радост в живота, защото имал проказа, една нелечима болест, за която нямало лекарства по онова време.

По времето на Нееман, хората, страдащи от проказа, се считали за нечисти. Те били принуждавани да живеят в уединение извън пределите на града. Страданието на Нееман било още по-непоносимо, защото освен болката, имало и други трудности, които съпътствали болестта. Симптомите на проказата включвали петна по тялото и по-специално по лицето, външната част на краката, ръцете, стъпалата и отслабване на сетивата. В тежки случа клепачите, ноктите на краката и ноктите на ръцете падали и външният вид на човека ставал ужасен.

Един ден Нееман, който страдал от нелечима болест и

бил нещастен, чул добри новини. Според думите на едно младо момиче, хванато за наложница в Израел и прислуга на съпругата му, имало един самарийски пророк, който можел да излекува Нееман от проказата. Тъй като бил готов на всичко, за да оздравее, Нееман казал на краля за болестта си и за това, което е чул от прислугата си. Когато разбрал, че неговият предан главнокомандващ можел да се излекува от проказата с помощта на пророк от Самария, кралят с готовност помогнал на Нееман и написал писмо до краля на Израел от негово име.

Нееман тръгнал за Израел с десет таланта сребро, шест хиляди жълтици и десет премени дрехи заедно с писмото на краля, което гласяло: *„Като пристигне това писмо до тебе, заедно с него пратих до тебе слугата си Нееман, за да го изцериш от проказата му."* (стих 6). По онова време, Арам била по-силна нация от Израел. Когато прочел писмото от краля на Арам, кралят на Израел раздрал дрехите си и извикал: *„Бог ли съм аз, за да умъртвявам и да съживявам, че праща до мене да изцеря човека от проказата му? И така, моля, разсъдете и вижте как търси повод за скарване с мен."* (стих 7).

Когато израелевият пророк Елисей чул това, той се изправил пред краля и казал: *„Защо си раздрал дрехите си? Нека дойде сега при мен и ще разбере, че има пророк в Израел."* (стих 8). Когато израелевият крал изпратил Нееман в дома на Елисей, пророкът не се срещнал с генерала, а пратил до него човек да каже: „*Иди, окъпи се седем пъти в Йордан; и ще се обнови плътта ти и ще се очистиш.*" (стих 10).

Колко ли странно е било за Нееман, който пътувал до там с конете и колесниците си, да не види пророка и да не го посрещнат? Генералът се ядосал. Той считал, че ако главнокомандващият на армията на по-силна страна посети Израел, пророкът трябвало да го посрещне сърдечно и да положи ръцете си върху него. Вместо това, Нееман получил студен прием от страна на пророка и му казали да се изкъпе в такава малка и мръсна река като река Йордан.

В изблик на гняв, Нееман мислил да се завърне вкъщи:

> „*Ето, аз мислех, че той непременно ще излезе при мене, ще застане и ще призове името на своя Бог, ще положи ръката си върху мястото и така ще изцери прокажения. Реките на Дамаск, Аван и Фарфар не струват ли повече от всички води на Израел? Не мога ли да се окъпя в тях и да се очистя*"? *(стих 11-12)*

Докато се приготвял за своето връщане, слугите му се помолили: „*Татко наш, ако пророкът ти беше заръчал нещо голямо, не би ли го извършил? И така, колко повече, като ти казва: Окъпи се и се очисти!*" (стих 13). Те подтикнали господаря си да изпълни нарежданията на

Елисей.

Какво се случило, когато Нееман се потопил седем пъти в река Йордан, както Елисей бил заръчал? Плътта му станала чиста като кожата на млад момък. Проказата, която му причинила страдания, била излекувана. Когато нелечимата болест била изцелена напълно чрез подчинението му, генералът приел съществуването на Бога и на Елисей като Божи служител.

След като изпитал силата на живия Бог – Бог, Лечителят на проказата – Нееман се върнал при Елисей и възхвалил Бога:

> *„Тогава той се върна при Божия човек с цялата си дружина. Дойде, застана пред него и каза: Ето, сега узнах, че няма Бог в целия свят освен в Израел; затова, моля, приеми сега подарък от слугата си. А Елисей отговори: Заклевам се в живота на Господа, на Когото слугувам, че не искам да приема. А той го принуждаваше да приеме, но пророкът отказа. Тогава Нееман каза: Ако не, то нека се даде, моля, на слугата ти товар за две мулета от тази пръст; защото слугата ти няма вече да принася нито всеизгаряне, нито жертва на други богове освен на Господа.“ (4 Царе 5:15-17).*

Вярата и делата на Нееман

Нека сега да разгледаме вярата и делата на Нееман, който срещнал Бог Лечителя и бил изцелен от нелечима болест.

1. Чистосърдечието на Нееман

Някои хора лесно приемат и вярват на това, което им казват другите, а други винаги се съмняват и им нямат доверие. Нееман бил чистосърдечен, не подлагал на съмнение чуждите думи и ги приемал. Бил в състояние да отиде до Израел, да послуша Елисей и да получи изцеление, защото не пренебрегнал, а повярвал на думите на младата прислужница на жена му. Когато младото момиче, хванато в Израел, казало на съпругата му: *„Ако господарят ми беше при пророка, който е в Самария, той би го изцелил от проказата му!"* (4 Царе 5:3), Нееман й повярвал. Представете си, че сте на мястото на Нееман. Какво щяхте да направите? Щяхте ли изцяло да й повярвате?

Въпреки напредъка на съвременната медицина, има много нелечими болести. Ако кажете на другите, че Бог ви е излекувал от нелечима болест или сте били изцелени чрез молитва, колко хора мислите, че ще ви повярват? Нееман повярвал в думите на младото момиче, поискал съгласието на краля, заминал за Израел и бил изцерен от проказата. С други думи, тъй като Нееман бил чистосърдечен, той можел да приеме думите на девойката, когато тя му проповядвала и действал правилно. Трябва също да осъзнаем, че когато ни проповядват евангелието, можем да получим отговор на проблемите си само, когато вярваме на проповедта и застанем пред Бог като Нееман.

2. Нееман не послушал мислите си

Когато Нееман заминал за Израел с помощта на своя крал и пристигнал в къщата на Елисей – пророкът, който можел да лекува проказа, той получил студен прием. Очевидно, той се ядосал, когато Елисей, който в очите на невярващия Нееман, нямал слава или социален статус, не посрещнал предания служител на краля на Арам и му предал чрез пратеник да се изкъпе седем пъти в река Йордан. Нееман бил ядосан, защото бил изпратен лично от краля на Арам. Следователно, Елисей дори не го докоснал, а му казал, че може да се пречисти след като се измие в река, толкова малка и мръсна, колкото река Йордан.

Нееман се ядосал на Елисей и на стореното от него, заяото не го разбирал. Той започнал да подготвя завръщането си като считал, че в неговата страна имало много други големи и чисти реки и той можел да се пречисти в тях. В този момент, служителите на Нееман го подтикнали да послуша Елисей и да се потопи в река Йордан.

Нееман бил чистосърдечен, той не действал според

мислите си, а решил да изпълни инструкциите на Елисей и се запътил за река Йордан. Колцина от хората със социалния статут на Нееман биха се разкаяли и биха се подчинили на призива на своите служители или на други по-низшестоящи от тях?

Както четем в Исая: 55:8-9:

„Защото Моите помисли не са като вашите помисли, нито вашите пътища – като Моите пътища, казва Господ. Понеже както небето е по-високо от земята, така и Моите пътища са по-високи от вашите пътища и Моите помисли – от вашите помисли."

Ако се придържаме към човешките мисли и теории, не можем да се подчиняваме на Божието слово. Нека си припомним края на крал Саул, който не се подчинил на Бога. Когато слушаме мислите си и не спазваме Божията воля, това е акт на непокорност и ако не признаем нашето неподчинение, трябва да запомним, че Бог ще ни напусне и изостави, както бил изоставен крал Саул.

В 1 Царе 15:22-23 четем:

„И Самуил каза: Всеизгарянията и жертвите по същия начин ли са угодни на Господа, както послушанието на Господния глас? Ето,

послушанието е по-приемливо от жертвата
и покорността – от тлъстината на овни.
Защото непокорството е като греха на
врачуването, а упорството – като нечестието и
идолопоклонството. Понеже ти отхвърли словото
на Господа, то и Той отхвърли тебе да не си цар. "

Нееман помислил два пъти и решил да отхвърли своите помисли и да следва инструкциите на Елисей, Божият човек.

По същия начин, ние трябва да помним, че едва когато отхвърлим непокорните си сърца и ги превърнем в послушни сърца според Божията воля, тогава можем да изпълним желанията си.

3. Нееман послушал думите на пророка

Като следвал инструкциите на Елисей, Нееман слязъл в река Йордан и се измил. Имало много други по-големи и по-чисти реки от Йордан, но заръката на Елисей да отиде в река Йордан имала духовно значение. Река Йордан символизира спасението, докато водата означава Божието слово, което пречиства хората от греха и им позволява да се спасят. (Йоан 4:14). Ето защо Елисей искал Нееман да се изкъпе в река Йордан, което щяло да го заведе до спасението. Независимо колко по-големи и по-чисти били останалите реки, те не водили хората към спасението, нямали нищо общо с Бог и в техните води не можели да се извършват делата на Бога.

Както Христос ни казва в Йоан 3:5: *„Истина, истина ти казвам: Ако не се роди някой от вода и Дух, не може да влезе в Божието царство"*, чрез своето измиване в река Йордан за Нееман се открил път да получи опрощение на греховете си, да бъде спасен и да се срещне с живия Бог.

Защо Елисей казал на Нееман да се изкъпе седем пъти? Числото „7" е завършено число, което символизира съвършенството. Като поръчва на Нееман да се изкъпе седем пъти, Елисей му казва да получи прошка за греховете си и да живее праведно. Само тогава Бог, за когото всичко е възможно може да представи делата на изцелението и да излекува нелечими болести.

Следователно научаваме, че Нееман е получил лечение на проказата, за която нямало лек, защото се подчинил на думите на пророка. Библията казва:

> *„Защото Божието слово е живо, действено, по-остро от всеки меч, остър и от двете страни, пронизва до разделяне душата и духа, ставите и мозъка и издирва помислите и намеренията на сърцето. И няма създание, което да не е явно пред Бога; а всичко е голо и разкрито пред очите на Този, пред Когото има да отговаряме." (Евреи 4:12-13).*

Нееман се обърнал към Бога, за когото нищо не било

невъзможно, отхвърлил своите мисли, покаял се и се подчинил на волята Му. Когато Нееман се потопил седем пъти в река Йордан, Бог видял вярата му, излекувал го от проказата, тялото му се възстановило и кожата му се изчистила като на младо момче.

Като ни представя това доказателство, което свидетелства за лечението на проказата само чрез силата Му, Бог ни казва, че всички нелечими болести могат да бъдат изцелени, когато Го задоволим с вярата си, придружена с дела.

Нееман отдава почит на Бога

След като Нееман бил излекуван от проказата, той се върнал при Елисей и признал: „*Ето, сега узнах, че няма Бог в целия свят освен в Израел; затова, моля, приеми сега подарък от слугата си*" (4 Царе 5:15, 17) и отдал почит на Бога.

В Лука 17:11-19 има сцена, в която десет души срещат Христос и са изцелени от проказа. Само един от тях се завърнал при Исус, почел Бога на висок глас и се хвърлил в краката на Христос с благодарност. В стих 17-18 Христос попитал мъжа: „*Нали се очистиха десетимата? А къде са деветимата? Не се ли намериха други да се върнат и въздадат слава на Бога освен този другоплеменник?*"

В следващия стих 19 Той казал на мъжа: "*Стани и си*

иди; твоята вяра те изцели." Ако получим изцеление чрез Божията сила, ние трябва не само да отдадем почит на Бога, да приемем Исус Христос и да получим спасение, но и да живеем праведно.

Нееман притежавал вярата, подкрепена с дела, за да бъде изцелен от проказата, която била нелечима болест по онова време. Той бил чистосърдечен и повярвал на думите на младото момиче, пленена като наложница. Имал достатъчно вяра, за да приготви специален подарък за пророка. Показал подчинение, макар и думите на Елисей да не съвпадали с мислите му.

Езичникът Нееман страдал някога от нелечима болест, но чрез нея се срещнал с живия Бог и изпитал делата на изцелението. Всеки, който застава пред всемогъщия Бог и показва вярата си чрез дела, ще получи отговор на проблемите си, независимо от тяхната тежест.

Нека да притежавате ценна вяра, да я покажете чрез делата си, да получите отговори на всичките си проблеми в живота и да станете свети като почитате Бога, моля се в името на Исус Христос.

Авторът:
Д-р Джейрок Лий

Д-р Джерок Лий е роден в Муан, провинция Джионам, република Корея, през 1943 година. На двадесет години д-р Лий започва да страда от различни неизлечими болести и в продължение на седем години живее в очакване на смъртта, без надежда за оздравяване. Един ден, през пролетта на 1974 г., сестра му го завежда в една църква и когато той коленичи да се помоли, живият Бог незабавно го изцелява от всички болести.

От момента в който д-р Лий опознава живия Бог чрез това прекрасно преживяване, той започва да Го обича с цялото си сърце и душа и през 1978 година е призован да стане Божи служител. Моли се пламенно, за да може ясно да разбере и изпълни Божията воля и да се подчинява безпрекословно на Божието слово. През 1982 г. основава Централната църква Манмин в Сеул, Южна Корея, където започват да се извършват безброй Божии дела, включително чудотворни изцеления и чудеса.

През 1986 г. д-р Лий е ръкоположен за пастор на годишната среща на Святата корейска църква на Исус, а четири години по-късно, през 1990 г., неговите проповеди започват да се излъчват в Австралия, Русия, Филипините и много други страни чрез далекоизточната радиопредавателна компания, азиатската радиостанция и вашингтонското християнско радио.

Три години по-късно, през 1993 г., Централната църква Манмин е избрана от списание Християнски свят (САЩ) като една от 50-те водещи световни църкви и той получава титлата почетен доктор по богословие от Християнския колеж във Флорида, САЩ. През 1996 г. д-р Лий защитава докторат по християнско духовенство от Теологичната семинария Кингсуей, Айова, САЩ.

От 1993 година д-р Лий заема водещо място в световното християнско духовенство чрез участието си в редица международни инициативи в Лос Анжелис, Балтимор и Ню Йорк (САЩ), Танзания, Аржентина, Уганда, Япония, Пакистан, Кения, Филипините, Хондурас, Индия, Русия, Германия, Перу и Демократична република Конго, а през 2002 г. е обявен за «световен пастор» от главните християнски вестници в Корея благодарение на своето участие в различни международни мисии.

От Март, 2013 г. година паството на Централната църква Манмин наброява над 120 000 члена и 10 000 национални и чуждестранни църковни представителства в целия свят. Досега е изпратила повече от 129 мисионери във 23 страни, включително в САЩ, Русия, Германия, Канада, Япония, Китай, Франция, Индия, Кения и много други.

Досега д-р Лий е написал 84 книги, включително бестселърите *«Опитване на Вечния Живот преди Смъртта»*, *«Моят Живот, Моята Вяра I и II »*, *«Посланието на Кръста»*, *«Мярката на Вярата»*, *«Небето I и II»*, *«Адът»* и *«Божията Сила»*. Книгите му са преведени на повече от 75 езика.

Неговите християнски статии са публикувани в *The Hankook Ilbo, The Chosun Ilbo, The JoongAng Daily, The Dong-A Ilbo, The Munhwa Ilbo, The Seoul Shinmun, The Kyunghyang Shinmun, The Korea Economic Daily, The Korea Herald, The Shisa News* и *The Christian Press*.

Понастоящем Д-р Лий е ръководител на редица мисионерски организации и асоциации. Той е председател на Обединената света църква на Исус Христос, президент на Световната мисия на Манмин, постоянен президент на Световната християнска асоциация за изцеление, основател и председател на съвета на Глобалната християнска мрежа (GCN), основател и председател на съвета на Световната мрежа на християнските лекари (WCDN) и основател и председател на съвета на Международната семинария Манмин (MIS).

Небето I и II

Подробна картина на красивата обител, на която се радват небесните жители и прекрасно описание на различните равнища на небесните царства.

Моят Живот, Моята Вяра I и II

Силен духовен аромат, извлечен от живота, процъфтял с несравнима любов към Бога сред тъмни вълни, изпитания и дълбоко отчаяние.

Посланието на Кръста

Мощно пробуждащо послание за всички хора, които са духовно заспали! С тази книга ще разберете защо Христос е единственият Спасител и истинската Божия любов.

Мярката на Вярата

Каква обител, каква корона и какви награди са запазени за вас на небето? Тази книга дарява с мъдрост и ръководство, за да разберете вярата си и да я направите истинска и всеотдайна.

Ад

Ревностно послание за цялото човечество от Бога, който не иска нито една душа да попадне в Ада! Ще разкриете жестоката действителност на чистилището и ада, описана за първи път.